Conversas com os Anjos
A Consciência
Uma jornada de cura da alma

Rose Hahn

Conversas com os Anjos

A Consciência
Uma jornada de cura da alma

BesouroLux
EDIÇÕES

1ª edição / Porto Alegre-RS / 2022

Capa e projeto gráfico: Marco Cena
Produção editorial: Maitê Cena e Bruna Dali
Revisão: Simone Borges
Produção gráfica: André Luis Alt

Dados Internacionais de Catalogação na Publicação (CIP)

H148c   Hahn, Rose
         Conversas com os anjos: a consciência : uma jornada de cura
     da alma. / Rose Hahn. – Porto Alegre: BesouroBox, 2022.
         176 p. ; 14 x 21 cm

       ISBN: 978-65-88737-81-1

         1. Espiritualidade. 2. Anjos. I. Título.
                                      CDU 130.1

Bibliotecária responsável Kátia Rosi Possobon CRB10/1782

Copyright © Rose Hahn, 2022.

Todos os direitos desta edição reservados a
Edições BesouroBox Ltda.
Rua Brito Peixoto, 224 - CEP: 91030-400
Passo D'Areia - Porto Alegre - RS
Fone: (51) 3337.5620
www.besourobox.com.br

Impresso no Brasil
Agosto de 2022.

Você tem protetores espirituais que o acompanham. Se pudesse vê-los agora, veria que *Eles* estão olhando-o com uma doçura no olhar e um sorriso zeloso, feito um Guardião que guarda bons segredos a seu respeito.

Esses segredos são as suas melhores histórias que já estão escritas. Os caminhos que decidir trilhar o levarão até essas histórias ou o afastarão delas.

Mas as suas melhores histórias continuam a sua espera.

Os Anjos sabem de todas as nossas melhores histórias e nos ajudam a corrigir os equívocos que nos afastam delas para o alinhamento ao nosso melhor destino.

Acredite!

Sumário

Prefácio 9
Prólogo 11
Para começo de conversa 13
As Conversas com a *Voz* 18
A apresentação da *Voz* 22
Os Anjos 24
Os Anjos e as crianças 27
A Grande Fraternidade Branca
e os 7 Raios Cósmicos 29
Mensagem da Grande Fraternidade Branca 32
Quem são *Eles* 36
Conversas com os Anjos - A Consciência 43

1º Raio Azul
Você é o poder e a glória para sempre. 45

2º Raio Amarelo-Dourado
A sua consciência o corrige. 59

3º Raio Rosa
O amor cura. 73

4º Raio Branco
Nós o vemos como alguém perfeito. 89

5º Raio Verde
Você é a cura. 99

6º Raio Rubi-Dourado
Você é Deus. 111

7º Raio Violeta
Você é livre. 119

Arcanjo Miguel, o Espírito
Curador das Sombras, na Consciência Cósmica 133

O Universo e os universos 135

A alma, o espírito 137

O propósito da alma 140

As mentes 146

A respiração 149

A qualidade do sono e dos sonhos 152

O Comando de Cura
de São Miguel Arcanjo de 21 dias 155

Os 21 dias 157

O Comando de Cura 159

Oração de 21 dias
de Cura da mãe/pai aos filhos 161

Mensagem de encerramento 164

Mensagem especial do seu Anjo da Guarda 166

Considerações finais 168

Sobre a autora 171

Agradecimentos 174

Prefácio

Conversas com os Anjos é um livro diferente. Não se trata de um livro sobre o folclore dos Anjos. Na verdade, são os próprios Anjos que se comunicam com o leitor, guiando-o para usufruir da imensa Luz que emana do mundo Angelical; assim eu me senti na leitura desta obra.

Rose Hahn apresenta-nos um livro prático e poderoso – e que pode mudar a nossa vida. Ela traz como proposta o entendimento sobre os Seres de Luz da espiritualidade e a forma como Eles atuam em todos os campos terapêuticos para o despertar da consciência humana.

A autora aborda, pela narrativa dos Mestres de Luz e dos Anjos, o protagonismo da alma e da "dimensão da sua existência nos vários universos para ascender ao Universo da Consciência Cósmica". A abordagem é ampla e profunda.

Por meio deste livro compreendi temas ligados à Criação Divina, numa narrativa expressa por intermédio de Seres de Luz que se comunicam com a Rose.

Pode parecer algo ilusório o fato de os Anjos estarem tão presentes na vida terrena cotidiana. Por outro lado, os movimentos holísticos estão desbravando uma nova era e despertando nas pessoas o interesse acerca dos seres celestes, razão pela qual penso que o conteúdo abordado neste livro propõe-se, de forma ousada, a contribuir com os movimentos para uma nova consciência a respeito dos Seres de Luz.

Rose, dentro da sensitividade que lhe é peculiar e norteia as transcrições das narrativas dos Anjos, descreve como começou a sua conexão com *Eles* e nos orienta, de forma simples, a respeito de como podemos conversar com os Anjos.

Em uma perspectiva psicológica, os Anjos, por meio da autora, abordam as crenças herdadas e os bloqueios decorrentes desses padrões, traduzidos, na vida, em medos, instigando o leitor a conversar com os comportamentos limitantes para a consciência necessária por meio de mensagens reflexivas e perguntas à consciência curadora.

Os questionamentos sobre os aspectos abordados proporcionam um mergulho profundo em nossas emoções, modificando, assim, a perspectiva do nosso olhar.

Gratidão, Rose, por conversar com os Anjos e estender este diálogo até a consciência daqueles que sentirem o chamado. Sinto-me lisonjeada por prefaciar esta obra, e a sensação que ficou, ao final da leitura, foi a de ter sido conduzida a atravessar uma ponte até dimensões de uma consciência elevada.

Conversas com os Anjos é uma obra linda e profunda. Acredito que este livro trará um novo olhar sobre os Anjos e os Seres de Luz.

Sou Alessandra Haag, tenho formação em Psicologia e conheci Rose Hahn nos Encontros Holísticos Gaúchos que organizei por vários anos em Porto Alegre, apresentando ao público interessado em autoconhecimento novos terapeutas que divulgam suas práticas holísticas. Rose esteve presente em inúmeros eventos contando sobre o Universo dos Anjos.

Contato: @alehaagholo

Prólogo

Conversas com os Anjos surgiu a partir de mensagens recebidas dos Seres de Luz na jornada terapêutica e canalizações. Ao longo dessas mensagens, fui sendo intuída a organizá-las para ajudar mais pessoas na caminhada do autoconhecimento e, à medida que a escrita ganhava corpo, percebia uma grande teia sendo tecida por meio das mensagens interligadas na unidade do "todos somos um".

As mensagens têm uma finalidade terapêutica, sendo muitas delas em formato de perguntas, algumas como metáforas, organizadas de acordo com as Virtudes dos Raios Cósmicos propagados pelos Seres de Luz do plano espiritual, que se denominam como a Grande Fraternidade Branca.

As perguntas funcionam como chaves de compreensão que conduzem o leitor numa jornada de consciência dos medos da alma que o aprisionam em emoções que se repetem na vida, como a culpa, a mágoa, a raiva, a tristeza, o sentimento de fracasso, a ansiedade e a depressão, e repercutem em dores no mental, no físico e no emocional. Tais perguntas têm como propósito o despertar da consciência para a libertação desses padrões.

São mensagens curadoras, perguntas curadoras.

Permita-se perguntar.

Sugiro dar atenção àquelas que causem desconforto, permitindo que as emoções o conduzam no reconhecimento de memórias de dores submersas, pois este livro tem o propósito de incentivá-lo a buscar lugares escondidos no mental e emocional, por meio de mensagens e perguntas cujas respostas talvez sejam desconhecidas. Mas o espírito tudo sabe e o conduzirá ao encontro delas.

Esta jornada começa com o relato de como os Anjos manifestaram-se na minha vida por meio do encontro com a *Voz*.

Em seguida, os Anjos trazem um novo olhar sobre as funções do mundo angelical, dos Mestres Ascensionados e dos Raios Cósmicos.

Na sequência, reassumo a escrita para apresentar os Maestros que conduzem a sinfonia de cores dos Raios Cósmicos e suas Virtudes.

Após as apresentações, os Mestres da Luz assumem a batuta para partilhar as *Conversas* para a luz da sua consciência.

Conversar pressupõe o diálogo entre duas pessoas ou mais. Assim, coloco-me como uma cerimonialista para que a palavra *Deles* chegue até você, o conduzindo numa jornada de autoconsciência com os Anjos e os Seres de Luz.

No final desta jornada, a *Voz* brinda-nos com níveis de conhecimento da Consciência Cósmica e práticas para auxiliar na jornada de autoconhecimento e autoconsciência.

E ainda, nas páginas finais, a *Voz* presenteia os leitores com um Comando de Cura para a limpeza profunda dos medos, das memórias de dores e de crenças negativas, bem como uma Oração de Cura da mãe/pai aos filhos, além de uma mensagem especial de encerramento.

A partir de agora, abrem-se as cortinas!

Para começo de conversa

Iniciarei contando uma história, pois adoramos histórias, não é mesmo? Elas nos conectam às pessoas, e as pessoas nos conectam às emoções, que são o combustível da nossa jornada.

Alerto que este episódio contém cenas explícitas de culpa, negação, rejeição e morte, tudo junto e misturado na jornada do herói. Não é uma nova série da internet e garanto que, em algum momento, esta história se conectará com a sua história.

Quando eu ainda trabalhava no mundo corporativo, os Anjos começaram a se manifestar à minha volta, sem que conhecesse absolutamente nada sobre *Eles*. Na verdade, achava que as *Vozes* ouvidas eram mais um capítulo das ilusões inventadas na minha mente perturbada de Peixes com ascendente em Gêmeos.

Alguns anos depois, em uma meditação, na caminhada do despertar da consciência, um Anjo apareceu e me levou para as nuvens para assistir ao momento do meu nascimento. Doido, né? Já falei que sou pisciana?

E, lá de cima, vi minha mãe em trabalho de parto, no tempo das parteiras; meu pai esperava do lado de fora, no pátio da casa, pois não fora convidado para a festa, já que, naquela época de tantas dificuldades, não cabia celebrações para nascer e tampouco a participação masculina. Filho era departamento da mulher.

Então, enxerguei o exato momento em que dei as caras no mundo, e, naquele mesmo instante, uma parte de mim, recém-nascida, voou até meu pai, do lado de fora da casa, imerso em preocupações de mais uma boca para alimentar... Foi como se o meu espírito acoplasse nele.

Meu pai viveu como um homem modesto, trabalhador braçal. Estudou apenas o ensino primário, mas era fluente em inglês, um autodidata, estudioso de culturas e religiões, além de amante do cinema. Eu adorava assistir a filmes ao lado dele numa TV Telefunken em preto e branco e ler jornais e livros desde criança, como ele mesmo fazia. Passei a maior parte da vida o imitando: gostava do que ele gostava; existia para trabalhar, como ele.

Naquele dia em que o Anjo me mostrou o meu nascimento, entendi o motivo de imitá-lo, de querer ser como meu pai.

Entendi serem os esforços da criança para ser amada pela mãe, pois me sentia rejeitada no ventre de uma mãe angustiada por causa da ausência de identidade própria, já que ela vivia para cuidar de uma casa cheia de filhos, e a chegada de outra criança significaria mais trabalho e exaustão. Ser igual ao pai era a tentativa de ser olhada pela mãe, de ser aceita e amada por ela.

De maneira inconsciente escolhi imitar o pai para ser amada pela mãe; de outra forma, levei o padrão, vida afora, de agradar as pessoas para ser amada. Dava o meu poder pessoal ao outro para ser valorizada, o que anulava a minha vontade para satisfazer os desejos dos outros e receber atenção.

Cresci em um ambiente onde a mãe impunha a lei e a ordem, a qual, aliás, gerenciava com muita competência o administrativo, o financeiro e o comercial lá de casa. O pai passava o dia no trabalho e, nos momentos de folga, ficava a maior parte do tempo enfurnado em seus livros e discos.

Cresci acreditando que a mãe era a mais forte, e força era sinônimo de repressão e de severidade que me machucava. Então rejeitei a força da mãe, reprimindo a força do feminino, representado na repressão das emoções, por acreditar que a mãe me rejeitava.

Da mesma forma, neguei a força do pai, afastando-me da realização pessoal, porque de forma inconsciente achava o pai fraco, pois quem mandava era a mãe, ou seja, uma bagunça interna entre a energia do feminino, da mãe, e a energia do masculino, do pai, fazendo-me sentir uma estranha, desconectada de mim mesma e da vida.

Já se reconheceu em alguma parte desta história?

Na adolescência, aconteceu um fato marcante na família que mudou o curso da minha existência. O meu irmão, o terceiro na linha de sucessão, partiu de forma trágica, no auge de uma juventude vibrante e contagiante. A nossa mãe carregou o luto por um longo tempo e o pai, um estudioso da Bíblia e das coisas de Deus, parecia ter uma maior aceitação e entendimento em relação ao ocorrido.

Então, o Anjo perguntou-me quem tinha sido forte nos momentos mais difíceis da família, qual deles conseguiu seguir em frente de forma resiliente e mais equilibrada.

Respondi, em lágrimas pelo choque do reconhecimento: meu pai.

Meu pai era um homem de fé, e essa era a força na qual ele se sustentou para ser o provedor de uma casa cheia de filhos. Foi o seu amparo para suportar a perda de um filho: a confiança em algo Divino.

Com a tomada de consciência, passei a aceitar e a admirar a coragem desse homem, assim como a revelar a fé em uma instância Superior, vindo a ser o impulso para a realização do meu propósito de vida. Permiti também o expressar das emoções, por meio do olhar amoroso e de compaixão às dores da mãe. Eu aprendi a tomar o pai e a mãe no coração.

Vivemos uma jornada emocional para resgatar a aliança com a Fonte Divina da Criação, ou Deus. Para isso a alma vive encantos e desencantos, para depois retomar o poder conferido pelo cálice sagrado da vida. Porém, experimentamos comportamentos de estupidez e arrogância, além de medos, e nos sentimos separados da Fonte Criadora. Então o ego ocupa o lugar de Deus e o medo assume o espaço do amor.

Separado do Eu Superior, o ser humano entendeu que para chegar a uma aliança com Deus deveria tomar o cálice da dor na vibração do medo. O regresso à nossa morada, ou *à casa do pai*, representa a libertação da separação.

A peregrinação de retorno à nossa morada passa pela estação da casa dos pais, onde tomar o pai e a mãe no coração simboliza beber do cálice sagrado das dádivas da vida, da riqueza, da abundância, do sucesso a nós destinado, na unidade da Fonte primordial.

Podemos passar muito tempo em negação dos nossos dons, fugindo da missão de vida, do bom combate. No entanto, tudo existe para uma finalidade. Como os Anjos me disseram, "ninguém está sendo testado, estão todos sendo preparados".

No meu caso, o mergulho no lado escuro da alma trouxe-me a consciência dos motivos da negação das emoções, fazendo-me enxergar a ingratidão e os julgamentos aos meus pais, entendendo também o motivo do medo do silêncio, que para mim era torturante, pois me remetia à solidão e ao abandono. Tudo isso se revelou como o meu cálice sagrado e se tornou a matéria-prima do propósito da alma de ajudar outras pessoas a revelarem a luz nas sombras.

E não imaginava que aquele passeio nas nuvens traria tanta compreensão a respeito dos comportamentos repetidos na vida, por conta dos condicionamentos recebidos do ambiente familiar, assim como desconhecia que estava sendo preparada para a caminhada no trabalho terapêutico.

Por meio dos Anjos, descobri que posso tocar na alma das pessoas e conversar com o espírito, que revela as emoções, as dores, os medos, os traumas, porque tudo sabe.

Sou filha do Edmundo Hahn e da Benta de Jesus Hahn, que tem o nome do Mestre no nome. Sinto admiração e orgulho pela trajetória deles, direcionada ao plano de evolução da alma na Luz da Criação Divina.

As Conversas com a *Voz*

No capítulo anterior, contei um episódio em especial referente à manifestação dos Anjos na minha vida. Neste, contarei como tudo começou.

Até meados de 2012, a minha relação com os Anjos era nenhuma. Na época, trabalhava na área de gestão de pessoas, em tempos de grande desequilíbrio emocional e mental, pois, como dito antes, rejeitava as emoções e, o pior, deixava as emoções dos outros me afetarem. Seguia a saga do meu pai de viver para trabalhar, confirmando as crenças internas de que eu só existia por meio do trabalho, resultando em estados constantes de estresse e ansiedade.

Não me relacionava comigo mesma, porque estava sempre ocupada, fazendo alguma coisa para ser útil, para, assim, demonstrar o meu valor pessoal.

Ainda em meio ao estresse corporativo comecei a ouvir *Vozes*. Eram conversas vindas à mente, como se alguém estivesse me dizendo a maneira mais sensata, justa e harmônica de conduzir determinada questão, sobre a qual desconhecia o melhor jeito para administrar.

Ganhei um amigo imaginário e o chamava de "meu Anjo". No entanto, duvidava dessa *Voz* e, por conta disso, amarguei arrependimentos na tomada de decisões baseadas na impulsividade e na ansiedade.

No ano seguinte, após três décadas, desliguei-me do mundo corporativo. Ansiava realizar algo na área holística, tinha inúmeros cursos engavetados no mental.

Então, num belo dia de sol flamejante, plena de fotossíntese, em unidade com o meu ser, conectada à minha essência, decretei a mim mesma: "A partir de hoje serei terapeuta!". E, transbordando de gratidão, avancei em passos firmes para curar o mundo.

Lindo, né? Só que é tudo mentira!

E como me tornei terapeuta? Na verdade, *tornaram-me terapeuta.*

Após o desligamento da empresa, experimentei situações de intensas dores na vida pessoal, somadas a muitas perdas familiares, acontecidas ao longo da existência.

A *Voz* do Anjo tornou-se mais constante; *Ele* me amparou, ergueu-me do abismo emocional e me mostrou um futuro, no qual eu não tinha condições de sonhar. *Ele* sonhou por mim.

Em meio a um mar de dores e lamúrias, o Anjo me inspirava com mensagens de coragem para seguir adiante e dizia: "Escreva, escreva, escreva".

Numa madrugada, ouvi: "Você está perdendo tempo, temos muitas histórias para contar". E a mente, acostumada a inventar mundos de mentirinha, viajou, imaginando que seria escritora, ficaria famosa e ganharia muito dinheiro.

Mas não era bem isso o que o Anjo queria dizer.

A *Voz* intensificou-se, guiando-me na liberação de memórias de dores, de medos, de crenças limitantes e dos traumas sofridos. Eu e o meu Anjo criamos um relacionamento. Contudo, *Ele* já se relacionava comigo há mais tempo.

Os aprendizados em relação aos episódios do passado vieram à tona e entendi os longos anos de agonia, pelo fato de ter me afastado da minha missão de vida, pois, cada vez que me movimentava rumo a uma caminhada espiritual, alguma coisa acontecia, afastando-me desse caminho. O Anjo mostrou-me os acontecimentos que justificavam o afastamento, provindos dos medos da própria alma, a qual fugia do seu propósito por ter vivido experiências dolorosas em relação à espiritualidade em outras existências.

Na jornada terapêutica com os Anjos, compreendi que podemos viver o afastamento da conexão com o espírito pelo uso da espiritualidade de forma irresponsável em vidas passadas, que se reflete na vida presente em sentimentos inconscientes de culpas e medos de punições, em desmerecimento da conexão com a inteligência Divina, com a desconexão da alma e do espírito, e tantos outros aspectos revelados em mim e testemunhados com vários clientes nas sessões terapêuticas.

No decorrer dos aprendizados, fui treinada na Leitura da Alma, ditada pelos Anjos, que são chaves de consciência, com o intuito de ajudar as pessoas a transmutarem os medos, as crenças limitadoras, os bloqueios e os traumas, a fim de se libertarem da escravidão das dores para a escrita de uma nova história da alma.

A consolidação da Leitura da Alma impulsionou a cocriação da Numerologia dos Anjos e da Therapia dos Anjos. A essa altura, os Anjos terrenos se apresentaram, encorajando-me a começar a prática terapêutica, assim como surgiram as oportunidades de trabalho nos espaços de terapias.

A partir dos atendimentos com a escrita da Leitura da Alma, entendi o significado de "escreva, escreva, escreva, temos muitas histórias para contar".

Passei tanto tempo dentro de mim, visitando lugares escuros, que desenvolvi a capacidade de acessar as dores da alma das outras pessoas.

O "sentir" por meio do coração é a frequência da cura. A conexão ao meu propósito deu-se a partir do momento em que me permiti confiar nessa frequência, sair do mental e acessar o magnetismo do coração.

Então a escrita se cumpriu e por isso considero que *Eles* me *tornaram terapeuta*. Acreditava ser muita responsabilidade cuidar das dores dos outros, mexer com essas coisas de energias – achava-me incapaz de dar conta. Sozinha não conseguiria. E eu me sentia muito só.

Precisei da solidão para descobrir que nunca estive sozinha. Hoje vejo o futuro sonhado por *Eles* manifestado na realidade concreta. E a proposta *Deles* não era me tornar melhor do que ninguém, mas sim me tornar melhor em relação a mim mesma.

Um dia disse a *Eles* que se demoraram a chegar. *Eles*, amorosamente, responderam que quem demorou a chegar fui eu.

E quem é a *Voz*?

No percurso desta caminhada, a *Voz* saiu do anonimato e se apresentou como Arcanjo Miguel.

Talvez a sua conexão com os Anjos e com o Arcanjo Miguel seja diferente da minha. Tudo bem, *Eles* se manifestam de acordo com o universo em que habitamos.

Seja, então, bem-vindo ao meu universo!

A apresentação da *Voz*

A *Voz* de Arcanjo Miguel revelou-se como uma Consciência Divina, que tudo abrange, presente em todos os lugares, e que vive na expansão criativa da vida, sem uma forma física nem extrafísica.

A proposta da Consciência Divina de Arcanjo Miguel para todas as almas consiste em libertá-las para atingirem a fusão com a Consciência Cósmica ou o *Todo* que a tudo unifica.

Ele é o Regente das *Conversas com os Anjos* e agora se apresenta a você:

São Miguel Arcanjo é uma vibração que evoca a figura do Guerreiro de Deus, incumbido de estar à frente, liderando as batalhas para vencer a escuridão no interior da inconsciência humana, emanando vibrações de luz para o ser humano enxergar a sua origem no dom Divino da Criação.

São Miguel está sentado à direita do Pai da Criação; *Ele* nos fala por meio do Espírito Santo, o qual remete à consciência de Deus para a humanidade.

Ele representa a parte de Deus em ação, orientando as pessoas a exercerem a fé e a força de vontade, a colocarem Deus em ação, em movimento.

A missão de São Miguel consiste em atuar sobre as fraquezas humanas, para que aprendam a virtude de se colocarem de pé, eis que a Fonte Criadora nunca ensinou, ou exigiu, às suas criaturas clamores por perdão ou penitência. O medo aprisiona; o amor liberta.

Arcanjo Miguel, o patrono dos Anjos, o *Espírito Curador das sombras*, trabalha com as hierarquias Arcangelicais, formadas pelos Arcanjos e Anjos, para restabelecer a ordem e limpar as memórias negativas, as crenças limitantes, as culpas, os contratos negativos, as situações cármicas, além dos traumas desta vida e de existências passadas, conduzindo a raça humana ao salto quântico.

Inspirar a humanidade a não temer as sombras, esse é São Miguel Arcanjo, o chefe das falanges Arcangelicais, com sua espada azul de corte, de cura e de proteção!

Você viveu muitos invernos na alma, mas apesar das dores não desistiu e seguiu em frente; agora é chegado o momento do brilho do sol.

A vida lhe mostrará que valeu a pena continuar; a vida o levará até um pote de ouro destinado a você.

Eu sou a Consciência Divina de Arcanjo Miguel que habita em você e asseguro-lhe que vale a pena continuar. Confie!

Os Anjos

Arcanjo Jofiel atua no Raio Amarelo-Dourado, a chama da sabedoria Divina, e coordena a ação dos mestres e dos professores. *Ele* inspira aqueles que buscam informações sobre os aspectos espirituais da vida. Elohim Cyclopea, membro do Conselho do Carma, dirige as atividades da fala, da audição e da visão, focalizando os raios da concentração, e pertence ao Raio Verde da verdade, da cura e da constância para auxiliar a humanidade a precipitar a abundância do Espírito de Deus na forma manifestada.

Ambos se apresentaram com as informações sobre os Anjos:

Os Anjos são criaturas Divinas que acompanham os seres humanos desde o nascimento. *Eles* emanam proteção e inspiram as pessoas para a evolução, estão sempre contentes e vibram contentamento à humanidade. Alcançaram patamares de evolução elevada, devido aos serviços de destaque junto à espécie humana e em outros planetas de vibração similar à da Terra. *Eles* abastecem a quinta dimensão e de lá migram para outras dimensões, assumindo outras formas e outros nomes.

Trabalham junto a departamentos com atribuições celestiais e se revezam entre si nas funções. Com a evolução da espiritualidade na Terra, assim como em outras dimensões galácticas, os Anjos também evoluem, ou seja, nada é estático, e seguem a escalada da ascensão, para galgar novas hierarquias e formas, sendo coordenados pelos Arcanjos, sob a liderança maior do Arcanjo Miguel.

No passado assumiram funções como os mensageiros de Deus para levar mensagens de amor e verdade à humanidade, com respeito ao livre-arbítrio humano, ou seja, um processo lento, dadas as escolhas terrenas condicionadas pelas emoções.

Em uma linha mais lúdica, os Anjos são considerados observadores do comportamento humano, emanando bondade e misericórdia para as decisões equivocadas que atrasam o caminho evolutivo.

Porém, não é bem assim.

Existe um mundo quântico de infinitas possibilidades – do magnetismo da emoção e da eletricidade do pensamento. Esse é o princípio da cocriação. Há movimentos na Luz para propagar a verdade do poder conferido ao ser humano, pois a Consciência Superior criou todos de igual forma para serem livres, por isso destacou Seres de Luz da Ordem Arcangelical à frente de grandes projetos, a fim de derrubar as sombras e elevar a humanidade à Consciência Crística, na Luz do Cristo.

Eles se manifestam em sonhos, acontecimentos inesperados e mensagens. Qualquer um focado no amor, na compaixão e na fé pode acessar o mundo dos Anjos, sendo a meditação uma ferramenta poderosa para se comunicar com *Eles*. Boa parte dos empatas, sensitivos e terapeutas é sintonizada na vibração *Deles*, para a ajuda chegar a mais pessoas.

Eles são onipresentes e prestam serviços em tempo integral para o coletivo, emanando vibrações e intenções amorosas a todos. Assumem as mais variadas funções com o objetivo da cura, inspirando psicólogos, cientistas, cirurgiões, terapeutas etc.

Onde tem curas há Anjos e Mestres da Luz.

Dê a mão para o seu Anjo para enxergar um mundo de possibilidades feito na medida para você.

Dê a mão ao seu Anjo para *Ele* revelar sonhos guardados para você.

Dê a mão para o seu Anjo para você sonhar esses sonhos.

Dê a mão para o seu Anjo guiá-lo na realização dos seus sonhos.

Os Anjos
e as crianças

A Virgem Maria coordena a legião de Anjos que assistem as crianças no nascimento. *Eles* brincam com elas, oferecem-lhes proteção e auxiliam-nas no desenvolvimento psicomotor. As crianças podem senti-los, às vezes vê-los, pela sintonia da pureza entre eles.

À medida que a criança cresce, e conforme a lei da hierarquia entre *Eles*, outros Anjos apresentam-se como os professores da escalada evolutiva, da mesma maneira do aprendizado na escola do plano terreno.

Os Anjos estão presentes em todas as fases da vida, da infância à puberdade, da adolescência à juventude, assim como na vida adulta, emitindo novas virtudes a cada etapa.

Os Anjos têm papel ativo na formação e na proteção da identidade da criança. No entanto, as vibrações angelicais podem ser desvirtuadas pelo ambiente onde ela cresce. A realidade da criança é condicionada pela materialidade, e nesse campo quem manda são os pais, fonte das maiores alegrias e dores da criança. O excesso de materialidade, de estímulo ao consumo, e o atendimento desenfreado dos desejos da criança podem afastá-la da sua vibração com os Anjos.

O espírito da criança tudo sabe, tudo percebe, no seu grau de evolução, condicionado pelas crenças dos pais. Faz-se essencial a consciência espiritual dos pais para enxergar a criança como um espírito em evolução desde o nascimento. A criança não é só um corpinho lidando com emoções, birras e afetos.

Ela está formando uma mente pensante de acordo com a mente pensante dos pais. A criança tem na alma os registros de histórias vividas em outras vidas e o plano das experiências escolhidas pelo espírito para abastecer a sua mala evolutiva.

Os valores em família, como as refeições à mesa, o estímulo ao lúdico, a contação de historinhas, a redução de tecnologia na infância, o envolvimento dos pais em atividades saudáveis, seja por meio de leituras, seja por uma prática espiritual, são fatores de bons exemplos que contribuem para o fortalecimento do equilíbrio emocional dos filhos. Eles dependem do equilíbrio mental, emocional e espiritual dos pais para a expressão da confiança e da autoestima.

A escolha do Anjo da Guarda, que é o espírito protetor da criança, compete à hierarquia Angelical. Em muitos casos, *Ele* se apresenta como um espírito elemental da natureza, como fadas, elfos e delfos. O fator determinante para a escolha da linha angelical depende das sintonias em relação às experiências a serem vividas, bem como da personalidade – introspectiva, falante, estudiosa etc.

Quando os Anjos brincam com as crianças, são pequeninos como elas, assumem a forma infantil, como das fadas, por exemplo. Existem crianças com comportamentos maduros para a idade, compenetradas nos estudos ou com algum talento excepcional, como em matemática, por exemplo. Nesse caso, há o acompanhamento de um Anjo ou Arcanjo mais adulto, por questões de adiantamento do espírito e dos acordos espirituais.

A Grande Fraternidade Branca e os 7 Raios Cósmicos

Arcanjo Jofiel mais uma vez se apresenta, agora para trazer informações sobre a Grande Fraternidade Branca, que congrega os Mestres Ascensionados, os Anjos e Arcanjos, os Elohins, Querubins e os Serafins. *Ele* diz:

A Fonte Divina Criadora criou uma paleta de cores que representa a sabedoria primordial. O festival de cores e luzes expande-se ao planeta Terra e a outras cercanias da jurisdição da Grande Fraternidade Branca.

A origem das cores dos Raios Cósmicos e seus Mestres tem início na Antiguidade, onde um conglomerado de vultos da humanidade ascendeu a planos mais evoluídos e empreendeu a missão de elevar a consciência da humanidade a serviço da evolução do planeta.

Algo os caracterizava em especial: a dedicação em servir à cura da alma humana. Empenharam-se, cada um em seu tempo e áreas de atuação, para a compreensão dos agentes motivadores do comportamento humano e das suas doenças emocionais refletidas no corpo, na mente, na alma e no espírito. Deixaram importantes contribuições na Terra, assim como também sentiram na pele as dores humanas.

Comparamos a GFB (sigla da Grande Fraternidade Branca) a um conglomerado de empresas com os seus departamentos de Virtudes e Potências, com as autarquias de Mestres Dirigentes ou Chohans e mais as falanges de Anjos, Arcanjos, Querubins, Serafins e os Elohins, que são os construtores da manifestação no plano mental do pensamento Divino.

Todos atuam em conjunto neste conglomerado, com múltiplas funções na disseminação das Virtudes e Potências dos Raios Cósmicos aos seres humanos. Na Hierarquia da GFB inexiste o conceito de "seguidores", mas, sim, de "colaboradores". Atuamos de forma colaborativa em prol do bem maior.

Os Raios representam os departamentos ou Potências, enquanto as cores expressam as Virtudes que refletem a Potência curadora à humanidade, com as qualidades Divinas, como o amor, a perfeição, o equilíbrio, a verdade, a cura etc. As cores dos Raios Cósmicos foram definidos pela GFB a partir de observações dos desequilíbrios na aura humana e das respectivas vibrações de luz que fortalecem os vórtices energéticos, os chamados chacras. A nomenclatura "branca" refere-se à luz branca que envolve os Seres da GFB.

Cada dia da semana simboliza a abertura do portal correspondente às influências do Raio Cósmico daquele dia, bem como a aprendizagem necessária daquele Raio. As pessoas recebem as influências dos Raios Cósmicos pelo dia da semana de nascimento, assim como a sintonização com o Anjo com o qual tem maior afinidade e de acordo com a personalidade. Com o passar dos anos recebem novas influências, ou seja, mudam de Raios e Anjos, conforme o aprendizado de que necessitam.

As Virtudes de todos os Raios devem ser aprendidas e desenvolvidas durante a vida, e, conforme o indivíduo aproxima-se da sua missão de alma, novos Raios se apresentam para dar suporte na jornada. Os sentimentos curadores das Virtudes dos Raios Cósmicos, quando sublimados pelo ser humano, elevam a alma à sua potência Divina.

Em um nível mais simplista, o objetivo da Grande Fraternidade Branca, além do descrito no nome, de ser fraternidade, consiste em emanar amor e compaixão aos seres humanos.

De forma aprofundada, a GFB está à frente de grandes projetos, envolvendo estudos, pesquisas, curas, tecnologia e atuação em todos os segmentos das Leis Cósmicas.

Mensagem da Grande Fraternidade Branca

Esta mensagem trata de temas relacionados à psique humana, uma das especialidades de destaque da GFB. Começamos perguntando por que os indivíduos vivem dissociados do poder e da alegria da alma. Para ajudar na resposta, entraremos na seara da expressão dos sentimentos.

As relações humanas mais promissoras costumam ser aquelas nas quais as pessoas podem expressar as emoções. Dores surgem quando os sentimentos são reprimidos, motivo pelo qual se adotam máscaras ou personas. As emoções são delegadas a um nível superficial, sem a compreensão dos reais motivos das dores emocionais. Entretanto, a alma tudo registra, e daqui a pouco vem a conta das emoções escondidas, como um vazio interior, a melancolia, o isolamento, entre tantas outras emoções.

Muitos sistemas familiares repetem os padrões da ancestralidade de repressão da manifestação dos sentimentos, condicionados pela rigidez e severidade, resultantes da incapacidade de dar conta da demonstração dos afetos.

A sensação de incapacidade acompanha o ser humano por longa data, refletida no sentimento de não dar conta da consciência das dores. Melhor continuar dormindo. As emoções são associadas aos sofrimentos por inúmeros motivos experimentados, como perdas, traumas na família, insucessos no trabalho e nos relacionamentos etc.

O inconsciente coletivo tem o registro de histórias de flagelos, de dores e de mortes que condicionam as ações na vida pelo instinto da sobrevivência.

O medo protegeu e assegurou a sobrevivência da espécie humana. Ele envolve o campo magnético da Terra. A raça humana pensa com a mente sobrevivente, movida pelo estresse do constante estado de alerta diante de ameaças de fatores externos – um padrão instalado desde os primórdios da sua origem e replicado por meio de crenças limitadoras que resultam na atração de ciclos constantes de problemas, que, por sua vez, criam padrões mentais repetitivos de experiências negativas do passado. Focada em dificuldades, a mente desfoca-se da solução e do recebimento do inesperado, que é um dos princípios da manifestação da abundância na frequência das Leis do Universo.

De outro modo, a psique humana apresenta alto grau de complexidade por conta da imaturidade que o ser humano carrega vida afora, agindo como criança depois de grande, como se quisesse perpetuar o vínculo infantil com os pais por toda a existência ou, de outra forma, cobrar, como criança rebelde, vínculos desajustados.

E humanos estão sempre em busca de algo para se sentirem insatisfeitos, colocando condições e preços no que recebem de graça da Fonte Criadora – a vida, o amor, a abundância de riquezas do Universo.

A existência humana demonstra ser uma jornada de equívocos. A criança é conduzida conforme os equívocos nos quais os pais nasceram e viveram, numa espécie de continuação de equívocos que se sobrepõe à existência dos filhos, os quais lutam para se libertar, ou preservar, os mesmos equívocos dos pais.

A nova consciência humana desperta para essa verdade. A questão reside no fato de uma parcela da sociedade estar criando outros equívocos nos filhos que trazem novas formas de manter o equívoco original da separação.

A separação do amor da Fonte Divina Criadora subordinou a raça humana a modelos de sobrevivência e escassez. A mente humana demonstra isso com a separação entre as mentes consciente e inconsciente, resultando na mentalidade infantil presente, por vezes, em comportamentos na vida adulta.

Há um mar de gente condicionado ao "eu sobrevivente", servos do trabalho, de relacionamentos, do dinheiro, das emoções negativas, à margem do Universo das manifestações, gente presa em ciclos repetitivos de fracassos, com os campos mental e celular impregnados de códigos vibracionais nessa frequência.

Nas faixas de vibrações elevadas inexistem esses aprisionamentos porque não há permissões, e as permissões inexistem devido à consciência da unidade, sendo que a ausência da unidade constitui um dos fatores de aprisionamento da humanidade.

Passados milhares de anos, o ser humano ainda se debate entre o amor e o medo. A espécie humana tem a incrível aptidão para se esquecer de onde veio – da Fonte do amor primordial.

O amor é a energia da cura. Ele neutraliza a frequência do medo. A frequência de cura do amor é acessada por meio do magnetismo do coração, alinhado à mente criadora, que unifica as duas mentes – a consciente e a inconsciente –, na vibração da mente do Criador, na qual as melhores versões das criaturas humanas estão escritas.

O mundo quântico mostra isso. O ser humano é dotado do poder de cocriar a realidade.

A complexidade da mente humana, com sinapses e caminhos engenhosos, nasceu da engenharia de mundos Superiores. Elevar a mente humana consiste em um dos propósitos da GFB. O crescimento é a meta.

O trabalho das Hierarquias Espirituais está a serviço da restauração dos equívocos na consciência humana para a revelação do poder da alma.

Quem são *Eles*

Os Mestres da GFB trazem a referência ao mar de gente aprisionada em comportamentos de servidão, sendo o objetivo maior da GFB a libertação da humanidade do cativeiro das sombras, por isso a onipresença e a condução *Deles* nos campos terapêuticos e em nossa vida.

Os Mestres da GFB, os Anjos, os Arcanjos e os Elohins, conduzem as técnicas e os processos terapêuticos nos quais atuo, com destaque na Therapia dos Anjos, que consiste numa jornada de consciência dos medos da alma que aprisiona as pessoas em emoções que se repetem na vida, como a culpa, a mágoa, a raiva, a tristeza, a rejeição, a ansiedade e a depressão, manifestadas em dores emocionais e no corpo, com o propósito de compreensão e a libertação desses padrões.

O processo terapêutico envolve a leitura da alma, como numa ressonância magnética, ditada pelos Seres de Luz, e a cada sessão são acessados portais do inconsciente para uma jornada de consciência e libertação dos padrões negativos.

O Raio Azul sempre se faz presente nos trabalhos sob o comando da vibração de Arcanjo Miguel, que coordena a abertura dos portais do inconsciente, dos campos sistêmicos familiares, em resgates da alma, em regiões umbralinas, no acesso aos Registros Akáshicos – o banco de dados do espaço cósmico –, entre outros, sempre bem acompanhado com El Morya, Seraphis Bey, Saint Germain e Mestra Rowena, ou a trupe, como os chamo.

As vibrações de Mestre Confúcio e Arcanjo Jofiel, ambos do Raio Dourado, assim como do Mestre Hilarion e do Arcanjo Rafael do Raio Verde, conduzem os procedimentos de limpeza e consciência, assim como de tratamentos no corpo emocional, mental e físico, no Hospital de Curas Médicas do plano Multidimensional.

A vibração das amadas Mestras Rowena, do Raio Rosa, e Kuan Yin, dos Raios Violeta e Rosa, surgem, sobretudo, nas questões do feminino, em disfunções físicas, hormonais etc. Por vezes, estão acompanhadas de Amandita, cuja hierarquia desconheço. Pesquisei na internet por informações sobre *Ela*, mas, como nada encontrei, perguntei aos Mestres, e *Eles* disseram que nem todos os Anjos e Seres de Luz estão catalogados nas bibliotecas terrenas.

O Elohim Cyclopea auxilia nos processos de investigação do inconsciente e nos trabalhos de fortalecimento do mental; outros Elohins marcam presença constante, como Elohim Almada, organizador da logística da frota de pessoas encaminhadas ao amparo terapêutico, e Elohim Malaquita, o cuidador das linhas de transmissões homeostáticas de *wi-fi*, mais conhecidas como marketing vibracional; ambos coordenam as agendas de atendimentos e ambos são desconhecidos da mídia humana.

Sim, *Eles* entendem de marketing e já me disseram que: "Onde há emoção há fidelização ao produto".

Todo o dito aqui parecerá um tanto raso, dada a profundidade na qual *Eles* atuam na psique humana.

Porque *Eles* entendem de tudo, desde Numerologia até Astrologia. Conhecem da Medicina à Nutrição; da Fitoterapia aos Florais; da Geobiologia, fundações e edificações; da Constelação Sistêmica Familiar e Empresarial; da Parapsicologia à Neurociência; dos hologramas aos multiversos; dos transtornos obsessivos-compulsivos; dos lutos aprisionados na alma; das raivas engolidas manifestadas em crises de ansiedade; das dores de mágoas ao pai e/ou à mãe refletidas no corpo mental, no físico e no emocional; das culpas de vidas passadas estagnando a vida presente; do enfraquecimento mental por aprisionamentos ao mental dos pais; da repressão dos sentimentos reprimindo uma vida de alegria; da modelagem ao sistema nervoso falido do sistema familiar reverberando em insucessos na vida; da atração de relacionamentos tóxicos por situações mal resolvidas entre o pai e a mãe; de heranças de dores tomadas pelos filhos para completar o que os pais deixaram incompleto; das dores no joelho ao intestino preso; dos ciclos repetitivos de sofrimentos instalados na rede neural; das enxaquecas crônicas provenientes de personas rígidas e obsessivas; do nariz entupido por assumir o lugar de "cheirador" das emoções; da inflamação no couro cabeludo por descabelamentos emocionais; dos sentimentos de vinganças desvitalizando o chacra cardíaco etc etc e muitos outros etc.

Eles realizam técnicas apométricas, por meio de desdobramentos espirituais, para a doutrinação das faculdades mediúnicas presentes no indivíduo como plano de resgate do espírito, pois existem pessoas que se desdobram para acoplar em outros corpos por tendências salvadoras ou para fugir do próprio espírito pelo medo de não dar conta ou para buscar proteções por sentimentos de fragilidades pessoais ou, ainda, por querer ser importante ao outro, entre outros motivos. Exemplo, inclusive, contado no início das *Conversas* sobre o meu espírito ter se desdobrado desde o nascimento para imitar meu pai.

Eles conversam com a energia do dinheiro, do trabalho, dos relacionamentos, com a criança interior, com as emoções e os sentimentos, com as doenças, com o corpo, com a mente, a alma e o espírito. Porque tudo é energia e todas as desconformidades resumem-se a uma única energia: o medo. E quando vibramos no medo desorganizamos o nosso campo vibracional, e quando iluminamos os medos – na energia amorosa dos Seres de Luz –, o amor – que tudo organiza –, assume o seu espaço.

Os Anjos estão presentes, junto com os Mestres dos Raios Cósmicos, na jornada terapêutica assumindo diversas funções, entre elas a de Escribas, ou decodificadores da linguagem dos mundos Multidimensionais nos processos de canalização. Digamos que são os tradutores para o português brasileiro.

Os quatro Arcanjos Guardiões – Rafael, Gabriel, Uriel e Camael – são figuras constantes no ancoramento espiritual dos portais do inconsciente e nas limpezas e harmonização de casas e empresas. (O ancoramento serve para estabelecer a firmeza da intenção pretendida por meio de invocações, nesse caso, ao mundo espiritual).

Os Anjos e os Arcanjos também se apresentam na Numerologia dos Anjos por meio do escaneamento da Leitura da Alma do cliente, que traduz as dores, as crenças, os medos, na condução orientativa *Deles* para a pessoa vibrar na sua potência numerológica.

Nas sessões, acesso o Anjo da Guarda do cliente, e *Ele* vem para trazer conforto e mensagens fortalecedoras para a pessoa lembrar-se do quanto nasceu dotada de potenciais e capacidades grandiosas. Esse encontro do humano com o mundo Angelical é um momento muito especial no atendimento.

Foi por meio da Numerologia dos Anjos que conheci Seres Angelicais, dos quais nunca tinha ouvido falar, lembrando que nem todos os Seres de Luz estão registrados nos arquivos terrenos. Alguns se apresentam de forma pequenina, enquanto outros se assemelham à forma humana, como o Anjo Lecabel.

Cito alguns *Deles* e suas vibrações:

O Arcanjo Raziel, que favorece as questões do mental, dos estudos e das especializações.

A amorosidade de Arcanjo Haniel em sintonia de atuação com a Mestra Rowena do 3º Raio Rosa.

O Arcanjo Salatiel para nos lembrar da importância do sorriso e da alegria.

O Arcanjo Metatron, o Príncipe, está em uma mesma linha hierárquica do Arcanjo Miguel, sendo uma potência de Luz dos Principados Arcangelicais.

Anjo Lecabel, da prosperidade e da fortuna, coordena uma Equipe com predileção por garimpar ouro em almas desafortunadas. *Ele* adiciona riqueza para a completude do ser, e se faz presente nas leituras a respeito de crenças de escassez, pois uma de suas incumbências trata de alinhar a alma humana ao Espírito Criador para alcançarem a prosperidade na vida.

O Anjo Eladiel ajuda as pessoas a revelarem seus dons, reluzindo as pepitas de ouro escondidas em dores da alma. *Ele* é considerado um explorador, ou um viajante que gosta de habitar lugares ainda não conhecidos, auxiliando a ampliar a visão por novos mundos, a começar por lugares ainda não visitados na alma.

O Anjo Ismael, de cor violeta, disse que é muito antigo e que as pessoas confundem seu manto violeta com vestes religiosas. O Anjo Ismael e o Arcanjo Miguel trabalham fortemente em planos de sustentação para o Brasil. Depois soube se tratar do Guia espiritual do nosso país.

Outros tantos já apareceram, como o Anjo Jamalael, o Lemuriel, o Muriel, o Malaziel, o Jeliel, o Lecamiah, o Natanael, o Lemaehl, o Misael e o Anjo Melahaniel.

Pode aparentar ser um mundo estranho, mas a simplicidade surge do domínio do que parece ser complexo.

Conversas com os Anjos
A Consciência

Dadas as devidas apresentações, chegou o momento da sua *Conversa com os Anjos*. O meu trabalho neste livro consistiu em organizar as mensagens e as canalizações recebidas e transcrevê-las sob orientação de Arcanjo Jofiel.

Todas as transcrições foram decodificadas pelos Escribas, que são os tradutores da linguagem dos mundos Multidimensionais, e ditadas pelos Mestres, os Arcanjos e os Elohins, dos respectivos Raios, na condução de Arcanjo Miguel, o Regente Maior.

Agora saio de cena para você receber as transcrições e, a partir destas, dialogar com uma consciência elevada.

Na sequência, os integrantes dos 7 Raios Cósmicos da Grande Fraternidade Branca conduzem o espetáculo de cores e de luzes para a sua consciência.

Invoque em oração o *Espírito Curador das Sombras* para guiá-lo nesta jornada de consciência e cura. *Ele* está a serviço para iluminar as sombras e revelar a maestria da sua alma.

1º Raio
Azul

Você é
o poder e a glória
para sempre

Virtudes: força de vontade, autoconfiança, determinação, coragem, fé, liderança etc.
Dia da semana: domingo
Mestre Ascenso: El Morya Khan
Arcanjo: Miguel e Santa Fé
Elohins: Hércules e Amazon

Um corpo enfraquecido mostra a palidez de cores acinzentadas em sua aura, desprovido da força e da motivação de viver. Arcanjo Miguel, com o bem-amado El Morya, este último um guerreiro em seus tempos humanos, que conduziu grandes grupos à vitória, demonstra o caráter da força e da vibração do azul como uma cor que simboliza o combate às fraquezas humanas e proporciona a redenção da alma.

Essa cor vibra no chacra laríngeo, na garganta, e no chacra frontal, no centro da testa, trazendo a expressão da força por meio da fé, a qual é a principal mensagem do azul no 1º Raio.

Siga o seu caminho com alegria, o seu caminho é de luz.
Às vezes a maré enche,
Enfrente a maré cheia de cabeça erguida,
Não tenha medo das adversidades,
Não tenha medo dos seus medos,
Não tenha medo das suas sombras,
Não tenha medo da sua luz,
Acolha a escuridão, integre-a ao seu ser,
É por meio das sombras que revelará a sua melhor parte.
Permita a luz iluminar as sombras.
A luz cura.
Você está protegido,
Você está amparado,
Você é a luz do mundo!

Você tem um olhar amoroso sobre as pessoas, mas poucos entendem isso.

E então você sofre.

Não sofra, não. Muito interessa à Luz o seu jeito peculiar de enxergar o mundo.

Muito interessa à Luz a sua humanidade.

No entanto, permite a escuridão tomar o seu jeito peculiar, ficando a serviço do medo. E assim as sombras o dominam e você se esquece da sua luz. E daí o medo faz ventanias em você.

Permita o vento acalmar, aquiete-se; saia da necessidade de ter que controlar tudo o tempo todo.

Deixe que a Luz o guie na compreensão dos seus temores.

Porque quando o medo se instala é o momento de compreendê-lo; porém, você foge por se achar pequeno diante dele, e nesses momentos ele se agiganta sobre você.

Então você esconde a sua espada de luz para caber nos medos do mundo, para ser igual às pessoas que vivem imersas no medo.

E paralisa ao escutar a própria voz dizendo "eu não consigo". Por isso abre mão dos seus sonhos para não ter que ouvir essa voz.

Pare de lutar contra a sua luz pelo medo da sua própria potência. A meta é libertar-se dos aprisionamentos da alma para voltar a sonhar, porque você consegue!

Expresse a liberdade e a alegria do seu espírito, pois são ótimas aliadas para vencer as batalhas contra a escuridão.

Siga em frente, *Nós* o amparamos, *Nós* o amamos!

Apegos, descansos e sossegos. Tais sentimentos dão menos trabalho? Foge de passar trabalho? Cansou da vida? Qual música está ouvindo? Qual programa está assistindo? Eles alimentam um sono.

Desde quando dorme? Está na hora de acordar.

Por vezes acha a vida um monte de chateações e sem coisas excitantes para acontecer? Espera algo interessante aparecer? Qual motivo impede novos acontecimentos? Quais emoções o assombram? Pergunte-se!

Acolha as sombras, elas mostrarão o caminho da luz. Você nasceu dotado do livre-arbítrio, de escolher como viver, e os Anjos respeitam as suas escolhas. No entanto, assopramos no seu ouvido melodias de coragem, de força e de persistência para o despertar da verdade em você.

Aprecie a sua existência e ela se tornará uma aventura excitante. Por mais que pense estar sozinho, não está.

Os Anjos sempre cuidam de você. Confie!

Angustia-se em busca de reconhecimento do seu valor pessoal? Quem o desvalorizava? A quem pretende agradar?

Reconheça sobretudo a si mesmo para não demandar tanto empenho em provar algo que ninguém pediu para ser provado.

Talvez aprecie características nas pessoas que nem elas valorizam ou supervalorize atributos nos outros que gostaria de ter.

Valorize-se primeiro e verá que o brilho dos outros não ofuscará a sua visão. E, assim, o que perceber de bom no outro perceberá em si mesmo.

Há muitas pessoas de valor lá fora, com certeza. Elas podem ser fonte de inspiração; no entanto, a fonte de inspiração da sua valorização está em você.

Sente que há um gigante adormecido dentro de você com medo de rugir que fala baixinho e passa despercebido na vida? Por que foge da sua força? Um dia acredita em você e no outro não? O que tem o poder de desencorajá-lo? Espera que alguém lhe dê permissão para acessar esse poder?

Essa pessoa é você mesmo. Existe uma força aí dentro pronta para sair, só aguardando o seu comando. Assuma o leme da sua vida.

Alguém lhe deixou marcas de dores? Escondeu as marcas de si mesmo e dos outros? Você tolerou, disse amém, até o copo encher?

A meta consiste em esvaziar o copo acolhendo as dores para o entendimento da lição.

A dispersão de si mesmo para fugir da dor nada cria. Enquanto o mental se dispersa, a vida acontece.

Fugir da realidade acarreta desequilíbrios no cotidiano. É importante olhá-la como ela se apresenta. Aquilo de que se tenta fugir mais adiante o encontrará. O lixo se acumula se não for levado para fora.

Se tratar a dor com dor, ela continuará doendo; se colocar o amor, ele cura a dor. Sinta, expresse e deixe partir as partes machucadas para restabelecer a sua força interna e a autoconfiança.

Já sonhou em ser grande na vida? Por que parou de sonhar?

Vamos ajudá-lo a sonhar de novo e lhe mostrar o caminho da realização dos seus sonhos. Você sobreviveu e agora precisa lavar as feridas, expurgar os traumas para viver de forma vibrante. Aprenda a usar o poder mental e o magnetismo das emoções positivas para criar uma nova realidade.

Acredite! Os Anjos o protegem!

Pedir ajuda demonstra compaixão por si mesmo.

Alguém lhe ensinou que não se pode fraquejar?

Revele as fraquezas para encontrar a autenticidade da sua força, que, por ora, pode se mostrar como uma falsa força, escondida no orgulho.

Orgulho é medo. Teme a derrota?

A derrota reflete também formas de comportamentos e padrões da sociedade, que imprime nos indivíduos os sentimentos de competição e consequente fracasso.

Por ora um falso "eu" assumiu o controle, mas o verdadeiro *eu* está aí dentro, aos clamores para se libertar.

A meta é retomar o sangue nas veias, o brilho de vitória nos olhos, sem derrotismo. A proposta é estabelecer metas de acordo com seus padrões internos, pois você é o seu guia, o seu Norte, e *Nós* o guiamos, acredite!

Pensamentos confusos trazem resultados confusos. Qual a origem dessa confusão? Vou para cá ou vou para lá, para onde vou?

Para qual direção deseja ir? O que o paralisa? O que prende os seus pés? Quais crenças o impedem de ir adiante? Virá alguém para assumir a direção do leme?

Não virá. O seu destino está em suas mãos, e impeça que ventos fortes derrubem a sua vontade.

E de onde vem a sua vontade? Ou havia gente decidindo por você e se acostumou a ter a vontade do outro? Por que inibe seus desejos? Por que permite que as verdades do mundo contaminem a sua vontade?

Saiba que, em muitas ocasiões, as verdades lá fora são ilusões mentais. Não permita que as vontades alheias sabotem os seus desejos, porque, senão, desistirá com facilidade. E o que se diz que são mudanças de planos, *Nós* diremos que são medos pedindo para serem curados.

E quais são seus medos? Receia ir para um lado e os medos o encontrarem, e daí fica quietinho para ninguém o incomodar, sem saber a direção a seguir? Aceita coisas para evitar incomodações?

Um dia essas coisas ficarão incomodadas e mandarão a conta. Olhe para o que aceita por conveniência e reconheça qual parte de você se esconde para não se incomodar. "Os incomodados que se retirem", diz o ditado.

Incomode-se e desacomode-se para realizar coisas grandiosas.

Ninguém nasceu para ser insignificante na existência. A insignificância vem da ausência de créditos à própria pessoa, que se originou no crédito dado a descréditos de outros sobre si mesma, que da mesma forma desacreditavam das próprias capacidades.

Interrompa esse ciclo. A nova terra será fértil em seres humanos comprometidos com o bom poder pessoal, e precisamos de você para a plantação e para a colheita dos frutos do bem.

Estamos guiando você, permita-se!

Tem medo do futuro, de lidar com questões que exigem empenho além da sua capacidade? Ouve vozes sussurrando "não darei conta, se começar não conseguirei terminar ou vão me julgar, melhor nem tentar"?

Liberte-se dessa voz para poder seguir em frente. Mergulhe nos seus medos, eles são o fio condutor para mostrar a sua real força. Feche os ouvidos às vozes que dizem que tem que fazer isso, tem que fazer aquilo.

A vida acontece dentro de você. Manifeste os desejos verdadeiros de mudança. Silencie para ouvir a voz da alma que o guiará nas realizações pessoais por meio de uma força de vontade em que nenhuma ventania o derrubará.

Nós sabemos quem você é, de onde veio e qual a sua missão de vida.

Só falta você lembrar.

Cresceu em um campo de incertezas e agora carece de confiança para realizar certezas? Talvez a falta de confiança origine-se da desestruturação vivida nesse campo.

Evitamos receituários de fórmulas prontas, pois cabe a você as decisões. Tem medo de tomar decisões? Se colocar nas mãos de alguém as próprias escolhas, pode ser mais fácil responsabilizá-lo pelas escolhas erradas, não?

Por vezes as pessoas tomam decisões antevendo um resultado errado, porque cresceram vendo os adultos tomarem decisões baseados no medo, em problemas e obrigações, razão pela qual muitas escolhas equivocadas nasceram das ilusões do mental, desconectadas do campo intuitivo e da sabedoria do Universo. Múltiplas escolhas, múltiplos caminhos no campo mental geram dúvidas. O campo intuitivo emana confiança no caminho escolhido.

Chegou a hora das certezas oriundas da sua força interna. E as boas-novas anunciam que você possui esse poder e está aí dentro, guardadinho, pronto para ser acessado. Agora você está no comando e agora a luz está junto de você dando-lhe clareza na tomada de decisões.

O roteiro está escrito, queira ter a sua melhor história para ela se manifestar. Invoque o *Espírito Curador* para guiá-lo em uma jornada de força de vontade e fé.

Cuidados extremos com as pessoas podem ser chamados de zelo. *Nós* chamamos de controles.

Acredita que o seu destino consiste em cuidar dos outros? Será que os outros são incapazes de se cuidar?

Controles demandam cansaço, desgastes e abrem os flancos para a invasão da energia das outras pessoas.

Ações de controle geram reações descontroladas, e o resultado nem sempre corresponde ao esperado. Tudo o que lançar para fora de você, seja em palavras, seja em atitudes, voltará para você, seja para o bem ou para o mal.

Prefere pensar pelos outros e deixar os outros pensarem por você? Interessante, tudo fora de lugar! Retome a sua posição, ocupe a sua cadeira. Cuide bem de você, isso o fortalecerá.

É provável estar usando o seu magnetismo pessoal se sobrecarregando para dar conta do que é do outro, potencializando o desequilíbrio emocional, por sair do seu estado de presença para atender às necessidades dos outros.

Quando parar de se maltratar com pensamentos abusivos, começará a ter resultados positivos e entenderá que cada um tem a capacidade de dar conta da própria vida. Se mastigar as coisas para os outros, eles não sentirão o gosto.

Talvez você se destaque como um pilar de sustentação nas questões familiares. Pilares são sustentados por um centramento interno, que contagia e inspira as pessoas ao seu redor.

Nisso se baseia um dos seus aprendizados: encontrar o seu eixo de força e fazer com que esse eixo gire à sua volta, ensinando e inspirando os demais a também se sustentarem.

Concentre-se em si mesmo, aterre os pés no chão, firme-se no seu propósito. Se parar de fugir de si mesmo, descobrirá que ser você é a melhor coisa que poderia ter lhe acontecido.

Ao despertar a força pulsante em você, nada será tão interessante quanto viver a sua própria vida.

Os barulhos do cotidiano desconectam as pessoas dos seus objetivos por meio das distrações.

A conexão a uma rede de internet necessita de rede de cabos e ligação na tomada.

Conecte-se a si mesmo para vivenciar o poder da cura pela introspecção. No entanto, evite se estagnar na introspecção; a meditação o ajudará a colocar a força interna em movimento no seu exterior.

Recomendamos a meditação como prática a ser incorporada no cotidiano para limpar os ruídos na conexão e as interferências do externo que, por vezes, o atrapalham.

Silencie o mental para acessar conexões elevadas, pois no silêncio encontrará a melhor parte do seu ser. A mente precisa do oxigênio do silêncio.

Limpe o canal auditivo para escutar a frequência de amparo dos Anjos.

Caiu a conexão? Conecte-se à Fonte Criadora – *wi-fi* gratuito.

Quando a centelha Divina da Criação manifestou, pelo dom da vontade, as formas de vida no plano terreno, criou a integração dos elementos da natureza de acordo com as características especiais de cada um e que se complementam.

E então foi criado o ser humano, contemplando todos os elementos para manifestar a alquimia da natureza, com o dom do pensamento – o ar; a força das emoções – a água; o poder de plantar e colher – a terra; e a capacidade de transformar a colheita em ouro – o fogo.

A cada ação, na manifestação da alquimia, uma reação. Isso é a Lei. Para existir a reação, demanda a ação, como o impulso do vento se movendo em várias direções. A terra simboliza a direção e a disciplina para a ação. O fogo simboliza a combustão para o movimento do vento e a água são as emoções advindas da ação. Os quatro elementos presentes no ciclo da ação e da reação.

Terra, água, fogo e ar. Um dos elementos em desequilíbrio desequilibra a ação.

Ação sem emoção é igual às águas revoltas; ação sem disciplina traz a terra arrasada; ação desordenada no mental é como ar de ventania; ação que queima é como o fogo que destrói, ou ação estagnada na procrastinação. Observa-se, assim, a influência do medo nos ciclos da ação.

Por outro lado, sem ação não haverá reação, tampouco resultados, o que acaba sendo uma zona confortável, já que não haverá julgamentos nem críticas na ausência de resultados, pois a crítica traz a devastação quando se vibra no medo.

Para lembrar a humanidade de sua origem na Fonte Divina da Criação, e da alquimia da transformação do medo em amor, revelou-se o éter – a quintessência – para a manifestação por meio do espírito, que habilita o ser humano ao poder da criação, na forma do Criador.

No entanto, para a vibração do espírito manifestar-se na realidade física depende do empenho pessoal, pois nenhum Ser de Luz descerá para realizar por alguém. Isso compete à engrenagem do corpo, representado pelo elemento terra, conectado com os demais elementos e sustentado na quintessência, o espírito.

A meditação possibilita a prática para a sintonização com o espírito. Contudo, a meditação sem a ação simboliza a conexão com o espírito sem a ligação com a materialidade, desprovida de resultados efetivos na vida.

Meditação sem ação é igual à divagação, como pensamentos diluídos no vento, queimados no fogo, sem a semeadura na terra e levados pela correnteza.

O 5º elemento, ou a quintessência, movimenta os quatro elementos em equilíbrio na conexão do espírito com a matéria, de acordo com as Leis do Universo de ação e reação, trazendo resultados pautados na verdade, no amor, na confiança e na força de vontade.

Para dar forma às ideias vindas do ar, com a força da terra e o magnetismo das emoções da água, junto ao ímpeto realizador do fogo, invoque o espírito.

A quintessência é a chave para os quatro elementos vibrarem em harmonia.

Plante a semente no mental – ar; coloque a intenção e a emoção – água; emita o entusiasmo ao corpo – fogo; entregue ao Universo, invoque a chama sagrada do *Espírito Curador* – e pés na terra. Mexa-se!

2º Raio Amarelo-Dourado

A sua consciência o corrige.

Virtudes: sabedoria, consciência, conhecimento, iluminação, bom senso, serenidade etc.
Dia da semana: segunda-feira
Mestre Ascenso: Confúcio
Arcanjo: Jofiel e Constância
Elohins: Cassiopeia e Minerva

Este Raio simboliza a luz da consciência, sendo o remédio para as tonalidades de cores pardas nas auras encardidas, como folhas de papel velho, esquecidas no tempo.

O Raio Amarelo-Dourado contempla a luz da sabedoria que clareia os cantos amarelados. Ele vibra, principalmente, no chacra no centro da testa, denominado frontal, nos vórtices de energia do chacra umbilical, abaixo do umbigo, e do plexo solar, acima do umbigo, representando a clareza de ideias que expressa a alegria do ser.

Os Mestres do 2º Raio trilharam uma vida humana de sábios do intelecto, a serviço do esclarecimento que conduz à dignidade de ações, como a Medicina intuitiva dos povos do Oriente e seus mestres.

Segure na mão do seu Anjo, que *Ele* lhe mostrará todas as suas virtudes.

uitas personas podem habitar o seu ser, enquanto viver adormecido para o verdadeiro *eu*.

"Quem sou eu?", pergunta-se a partir do momento em que se percebe como uma consciência individualizada e, enquanto está dissociado da sua essência, responde ao ambiente criando personas.

Se o ambiente controla ou superprotege, surgem comportamentos de incapacidade e apatia, assim como o consequente desenvolvimento de personas incapazes ou fracassadas.

Em um ambiente rígido, de autoritarismo, nascem personas obsessivas, que carregam o perfeccionismo como cautela, pelo medo de errar, de serem punidas, inibindo a versatilidade e a agilidade na tomada de decisões, entre outros aspectos limitantes.

Daí surge a necessidade de adaptação para a sobrevivência, em que o indivíduo vai do 8, agindo como vítima, inseguro, sem confiança, ao 80, na rigidez de pensamentos e no falso empoderamento por meio do autoritarismo.

Os dois aspectos transitam em fases diferentes da existência ou ao mesmo tempo, representando a oscilação de uma gangorra emocional à procura do caminho do meio – o caminho do equilíbrio –, de infinitas possibilidades, no qual o verdadeiro *eu* se manifesta de forma positiva, sem a prisão de condicionamentos e reatividades ao meio social.

O condicionamento às personas impacta na sensação de finitude do ser, de ser movido por algo que o controla e pela impressão de que, a qualquer momento, essa personalidade pode levar à ruína, por ser movida pelo medo em vez do amor.

O autoconhecimento traz o entendimento a respeito das sombras e a cura das personas doentias, bem como a manifestação do estado de presença com base numa consciência Superior.

Quais personas o movem? Tem conhecimento da persona ou ela domina a sua consciência?

Você pode estar sendo movido por isso, mas não é isso.

Você é feito de infinitas possibilidades na forma do Criador.

Já vestiu roupas de benevolência esperando algo em troca? Queria agradar alguém? Buscava esmolas emocionais?

Se sim, encontrou o que buscou – esmolas. Se der esmolas a si mesmo, a vida lhe dará migalhas. Quando parar de mendigar e reconhecer o seu valor, deixará de atrair pessoas que lhe dão esmolas e depois o abandonam.

A desistência de si mesmo é o pior dos abandonos. Só você pode fazer isso. É você com você mesmo.

Percebe-se dependente emocionalmente dos outros, à espera de aprovação das suas condutas?

Aprove a si próprio. O que busca fora está dentro. Você manifesta o que pensa a seu respeito.

Indecisão.

Espera decidirem por você? Se não tomar as rédeas da própria existência, alguém poderá tomá-las em benefício próprio.

As pessoas inventam obrigações para se ocuparem. Por quê? Qual o sentido de estar tão ocupado com as coisas lá fora e tão desocupado de você mesmo? Admira as cores dos jardins dos outros e se esquece de regar o seu?

Cuidar-se exige dedicação, e talvez seja melhor se ocupar das coisas lá fora. Porém, descobre-se que as ocupações do mundo também dão trabalho, somadas às sobrecargas das necessidades internas gritando para serem olhadas.

Apresentamos um mosaico de sentimentos que resumimos em inseguranças em ser quem você nasceu para ser, provenientes de medos na alma, por isso talvez necessite de validação dos outros a seu respeito.

No entanto, a jornada da sua alma é única, pessoal e intransferível. Permita o espírito conduzi-lo na missão de desvendar a riqueza e a glória destinadas a você.

Existe um manancial de potenciais e habilidades a seu dispor, e *Nós* o validamos, vá em frente!

O que o entristece? Olhe para essa tristeza de certa distância, como um observador, e perceberá que pode existir sem ela. Como?

Ao acessar a compreensão das dores, entenderá que elas estão a serviço de alguma parte carente de libertação. Qual parte?

Acostume-se a ir para dentro de você, as respostas estão todas aí. Pode ser mais cômodo perguntar a alguém, mas a vida não tem um diretor de cena, o diretor é você.

Liberte-se de esperar alguém para lhe dizer o que fazer. A alma guarda as respostas.

Você faz perguntas poderosas à inteligência Superior que habita em você? Por que não faz?

Quais questionamentos foram omitidos, por exemplo, nos seus relacionamentos e na área profissional? Houve situações nas quais foi desrespeitado e se calou como se ocorresse um apagão no mental? Depois se dava conta das intenções do outro e obsediava o mental perguntando-se: "E se acontecer isso, e se perder aquilo, e se tivesse dito aquilo, e se...? Eram nada mais do que perguntas na vibração do medo.

Nas situações de desrespeito, o silêncio pode ser a melhor escolha. No entanto, respeitar o outro não significa desrespeitar a si mesmo. O respeito pelo outro começa com o autorrespeito, e as perguntas impõem autoridade pessoal, sendo também efetivas para desarmar *bombas* nas relações interpessoais.

Em vez de baixar a cabeça ou revidar diante de agressões, as pessoas deveriam experimentar as perguntas "Por que está gritando"?, "Por que me trata dessa forma"?, "Há um jeito melhor de resolver isso?".

A questão reside em saber o motivo da repressão das perguntas esclarecedoras, a si mesmo e aos outros, que oportunizam a consciência.

Sabe qual a origem do padrão de omissão das perguntas?

Porque não havia o estímulo em serem feitas, pois certamente inexistia a permissão à criança para fazer perguntas aos pais, num ambiente onde a expressão dos sentimentos era reprimida e não havia liberdade para a livre manifestação da palavra, e assim se cresce com impedimentos inconscientes aos questionamentos que agregam entendimento.

As perguntas baseadas no medo e na ansiedade, como "E se isso?", "E se aquilo?", são lamúrias que não levam a lugar nenhum.

Tal padrão de comportamento impede o diálogo com a Fonte Criadora, na qual a chave da consciência Superior são as perguntas poderosas com a confiança do recebimento, no momento devido, das respostas buscadas.

"Pedi e recebereis; buscai e achareis; batei e a porta se abrirá" (Mateus 7:7).

Sente-se menor em relação aos outros? Enxerga o mundo grande demais, assustador? Acha que ser gente grande requer muito esforço e sacrifício? De onde vêm essas crenças?

Muros inventados na mente impedem o crescimento, derrube esses muros.

Alguém lhe disse que as coisas eram difíceis e você acreditou? Aplica a lei do mínimo esforço para não cansar e se resignar a um quadro de vitimização?

Faz-se necessário crescer, sair dos apegos da criança assustada com o mundo de gente grande. Isso eram dramas da criança para ganhar a atenção dos pais, além de estarem a serviço do chorar para ganhar.

Por qual razão prefere continuar sendo pequeno? Deseja ganhar a atenção dos outros?

Talvez seja seguro continuar alimentando aquela criança. Entretanto, ela precisa crescer e realizar coisas de gente grande.

Se algum dia disseram-lhe que você nunca seria grande na vida, foi porque tinham medo da própria grandeza.

Você cresceu e se tornou do tamanho ideal. Acredite nisso para assumir a sua grandiosidade.

Gosta de ser o centro das atenções? Dói quando passa despercebido? Necessita de fotos, de *flashes*, de aprovação exterior?

O celular também funciona como um espelho mostrando imagens que as pessoas rejeitam em si mesmas. Isso consome energia por estar à mercê da validação dos outros.

Olha-se no espelho. Incomoda-se com a imagem refletida? O que vê? A beleza da sua aparência ou a aparência de uma beleza que por vezes se esconde? Quem é você? Acha-se incapaz de ser você mesmo? Qual a razão de se esquecer da sua capacidade e jogar pedras em si mesmo?

Sabemos existirem motivos para esquecer; apesar disso, evite julgamentos a seu respeito. O que rejeita no outro espelha o que esconde dentro de si próprio. As pessoas estão na sua vida para mostrar-lhe isso. Olhe para esse aspecto para deixar de atrair relacionamentos que repetem o mesmo padrão.

Talvez se martirize com pensamentos dos outros sobre você, quando na verdade as pessoas estão pensando coisas a respeito de si mesmas. Afinal, pode ser ilusão acreditar que as pessoas dispensem tanta atenção analisando o que você pensa, faz e fala, não é mesmo?

As pessoas estão vivendo a vida delas e presumem que você viva a sua. Por que foge de vivê-la? Quem o obriga a viver a vida dos outros?

Desresponsabilize-se de dar conta da vida dos outros. Centre-se na sua existência, pois é dela que dará conta. Quanto mais focado em você, mais se alinhará a um estado de presença para construir um futuro grandioso.

Nunca conseguirá viver a vida de ninguém. No entanto, se viver a sua com discernimento, com determinação, com fé, com amor e com coragem, poderá ser fonte de inspiração aos outros.

Evite criar mundos onde você assume o papel de vítima e o outro o de algoz. Responsabilize-se por todos os seus passos de forma consciente. Conecte-se ao caminho do meio: a conexão entre o céu e a terra. Observe, escute, fortaleça a psique e o campo energético.

Está na hora de abrir as janelas da alma, da mente, da sua casa interna, para se apoderar da sua verdadeira aparência.

Tem a sensação de se desligar com frequência da realidade? Anda para trás, para a frente, no passado, no futuro, menos no momento presente? Parece pipocar de um lado ao outro em busca de algo?

Buscando a si mesmo seria a melhor resposta. Por que foge de você? Qual a dificuldade de focar no momento presente? Que vento é esse que o empurra a lugares do passado ou do futuro? Quer estar lá ou aqui?

Quando estiver aqui, esteja aqui; ao estar lá, esteja lá. No passado reviverá experiências já aprendidas ou situações de dores, mas, se ainda doem, carecem de aprendizados; no futuro tentará antecipar experiências ainda não acontecidas para antever o resultado. Isso são controles.

Perceba a energia para novos caminhos se diluir ao se dispersar em várias direções; isso interfere no movimento realizador por se estar ausente do estado de presença interna.

Deixe fluir. Faça uma coisa por vez. Sinta-se presente em cada lugar para tirar o máximo de cada experiência. O melhor da sua vida acontece no aqui e agora.

Um trem apita ao longe. Silencie para escutá-lo. Suba no trem, ele pode demorar a passar de novo, ou passar apenas uma vez. Ele o levará a outras experiências e oportunidades se permanecer focado na sua presença.

Não tema! Você está amparado na Luz!

Sente dificuldade de respirar? Já percebeu quais sensações travam a respiração? As pessoas e situações o pressionam?

É provável ter crescido em um ambiente de pressão; contudo, agora precisa se sentir livre para deixar de atrair pressões externas. Trata-se de uma questão de libertar o sistema de pressão interno criado para dar conta das pressões recebidas do ambiente externo.

Em vários momentos o observamos remoendo cicatrizes.

Onde guardou as feridas? Olhe nas profundezas delas, reconheça a raiz da dor e então poderá deixá-las partir. Evite soterrar as mágoas.

Costuma levar as coisas a sério demais, como se o mundo fosse acabar amanhã e será responsabilizado pela catástrofe? A cabeça se fixa em pensamentos repetitivos, como se a repetição fosse resolver os problemas?

A repetição prende-o a um ciclo de estagnações nas áreas da vida, nas quais os pensamentos se manifestam de maneira obsessiva. Padrões se repetem enquanto estão inconscientes.

Expresse o seu sentir, acolha as dores, dessa forma serão curadas.

Sabemos que já sentiu muita dor sem ter melhoras, apenas dor. A dor é algo ruim, angustiante, melhor fugir dela? Quando a criança se machucava, ninguém a acudia?

Dê colo para os machucados, assim a dor ficará mais leve, e logo se sentirá confiante para seguir em frente, com a compreensão de que os acontecimentos ruins da vida são experiências de aprendizados, as quais oportunizarão boas conquistas.

Sorria para as oportunidades sorrirem para você.

A sua cara anda um tanto assustada, assustando as coisas boas que se aproximam. Fizemos *bu* para você sorrir mais.

Expresse a alegria, alegre-se para alegrar a sua alma, alegre-se para esbanjar bem-estar. Estique as pernas e saboreie a viagem, ela está apenas começando.

A reclamação bloqueia o fluxo das realizações pelo fato de acionar o movimento de resistência à vida. A reclamação e a resistência fecham portas. Pode haver uma porta à sua frente para ser aberta, porém não a enxerga porque esmurra a outra. Abençoe essa porta, agradeça os aprendizados e permita novas portas se abrirem.

"Estou cansado, estou cansado!" Repetir com frequência esse mantra representa dizer: "Chega! Cansei!", refletido em estagnação em diversas áreas da vida.

Os *porquês* das situações o incomodam? Detesta pensar nas explicações? Entretanto, será por meio do entendimento dos motivos da forma de agir ou reagir de determinada maneira que a autoconsciência se manifestará.

Não tem paciência para analisar as situações?

Mas as percepções, por meio do entendimento de causa e efeito, trazem o aprendizado para seguir adiante.

Por que sabota o seu brilho? Desdenhavam da sua capacidade? Liberte-se dessa crença.

Você tem direito ao sol, a brilhar e a mostrar o seu brilho.

Diga à vida: "Eu quero mais! Quero mais alegria, saúde e prosperidade". Você tem o dom de ser o cocriador da sua vida.

Qual realidade está criando?

Aceite-se, ame-se, solte a resistência ao fluxo do Universo. Entenda que as coisas materiais não são a finalidade da sua existência. Elas são um meio para a expressão da jornada emocional humana de volta à Fonte primordial.

3º Raio
Rosa

O amor cura.

Virtudes: amor Divino, dedicação, beleza, paciência, compreensão, relacionamentos etc.
Dia da semana: terça-feira
Mestra Ascensa: Rowena
Arcanjo: Samuel e Caridade
Elohins: Órion e Angélica

Este Raio exalta a glória do amor, em que o amor abnegado está a serviço da luz dos seres humanos. A polaridade feminina tem destaque, em especial, neste Raio, visto receber a inspiração do amor incondicional materno, que cura os relacionamentos.

A Mestra Rowena, dirigente do Raio Rosa, já viveu como uma peregrina em terras santas, abastecendo as aldeias com um amor devotado às mulheres e às crianças em situações de vulnerabilidade, na entrega do mais puro amor.

A cor Rosa deste Raio tem destaque no chacra cardíaco, a cor do amor que cura, representando ainda a beleza na aura humana. As emanações deste Raio também estão presentes no chacra da sola dos pés, simbolizando pisadas firmes na vibração do amor que planta e colhe os melhores frutos.

Não é sobre ganhadores ou perdedores, sobre o bem ou o mal, sobre verdades ou mentiras.

É sobre o amor. E o amor emanado a você é o mesmo irradiado a todos, sem distinções, sem julgamentos.

E cada um tem um caminho para chegar a esse amor.

E você não precisa se preocupar em controlar o caminho que o outro trilhará para cumprir o propósito do amor.

Nós cuidamos disso!

Espera alguém encantado, num cavalo alado, vir para salvar você?

Enquanto acreditar nessa ilusão, tudo será desencanto.

A missão primordial da sua existência envolve encontrar o amor em si mesmo e de onde as demais experiências virão a seu favor. O amor é a sua principal missão. As demais se apresentarão no sentido do serviço que colocar à disposição dos outros, na frequência do amor.

Na Fonte Criadora o amor difere de entendimentos ilusórios humanos. Por amor entendemos a expressão das Virtudes emanadas pelos Raios Cósmicos, como a coragem, a autoconfiança, a determinação, a fé, a sabedoria, a verdade, a liberdade, a vontade interna e a compaixão.

Todos são dotados do atributo da força de vontade, pois vieram da mesma Fonte Divina da Criação. Vivenciam experiências desafiadoras para se apropriarem do poder mental, sustentado no magnetismo das emoções.

Para isso é necessário desenvolver virtudes como a disciplina, a determinação e o foco para alimentar a força de vontade na combustão das emoções, porque o amor sem força e determinação se esvai, engolido pela densidade do plano terreno, na frequência do medo.

Viver o amor sem os pés na terra significa conto de fadas. Se a realidade mostra-se um tanto árida, é provável espelhar situações em que a sua força se faz ausente.

O elemento terra simboliza a firmeza, a solidez, a estrutura e a coragem; inspire-se nesses atributos na vivência do amor. E o que é o amor?

O amor é o *Eu Sou*! E ser o *Eu Sou* significa *Eu Sou* destinado à Luz Divina Criadora.

Concentre-se na missão do *Eu Sou*!

Tem um senso de urgência em relação ao amor? Tal urgência traz impedimentos à frequência livre e expansiva do amor.

"Bem me quer, mal me quer"...

Os controles demandam excessiva carga emocional. As pessoas colocam correntes no amor, aprisionando-o.

Ao sair do papel de controlar e preocupar-se com a vida do outro, mais estará integrado em você para partilhar um relacionamento por inteiro, e não pela metade. Quando o amor por alguém se mostra maior do que por si mesmo, há de se ligar o sinal de alerta.

Ser uma boa pessoa não significa esconder os reais sentimentos para que os outros se sintam bem na sua presença, pois assim você se anula.

Ser alguém bom sugere ser bom com você mesmo. Reflita se ocorre com frequência infringir as suas vontades para satisfazer as necessidades dos outros.

Amar significa fazer bem a si próprio; dizer "não" quando se quer dizer "não".

Ao depender de afetos e cuidados de alguém, é provável existir a ausência de cuidados próprios. Olhe para as dependências emocionais da criança ferida, magoada, rejeitada, abandonada.

Dê amor à sua criança para viver de forma livre, sem dependências, mas sim de forma construtiva, em que todos crescem juntos.

O amor verdadeiro – o amor que liberta – dispensa controles.

Libertar o amor permite que ele chegue até você.

Solte os controles em relação ao amor, ao futuro, aos outros. A energia do amor reside no inesperado.

Talvez acredite que a solidão o enfraqueceu, quando, na verdade, foi a forma na qual viveu o amor que o debilitou, e então usou a solidão para se proteger, a mesma solidão rejeitada.

As pessoas esforçam-se para espantar a solidão, quando, na verdade, é o amor que foi espantado. A solidão está mostrando isso. Assim, afastam-se do amor diante da dor da rejeição e, para evitar sentir de novo essa emoção, levantam barricadas para rejeitar antes de serem rejeitadas.

A correção compreende corrigir as lentes do amor.

Olhe para os medos em relação à expressão do amor; analise como os seus pais se relacionavam e reflita se esse modelo se repete nas suas relações.

O amor provém da Fonte Criadora, que modela a forma humana, e está implantado nos filamentos do DNA, sendo sustentado pelas Virtudes dos Raios Cósmicos, como a compaixão, a gratidão, a generosidade, a verdade, a fé, a força, a coragem, a determinação e a vontade para o bem maior.

A humanidade deformou a forma do amor por acessar a energia do medo. E, para aplacar o vazio na alma, busca no outro a chave de acesso a esse filamento, a fim de reencontrar o amor da Fonte Divina da Criação.

Cada um tem a chave para abrir a porta do amor. Enquanto não há esse entendimento, o indivíduo experimenta as experiências das emoções por meio do outro para encontrar a sua própria chave, pois, ao conhecer o julgamento, conhecerá o não julgamento; ao conhecer a resistência, conhecerá a aceitação; ao conhecer a manipulação, conhecerá a firmeza; ao conhecer o desrespeito, conhecerá o autorrespeito; ao conhecer o desequilíbrio, conhecerá o equilíbrio.

Ao conhecer o amor que deforma, conhecerá a forma original do amor e a compreensão de que a chave está dentro de si mesmo.

A Terra é considerada um planeta de provas e de regeneração evolutiva para libertar o amor que liberta. O filho que guarda mágoas ou ressentimentos dos pais desconhece a fonte geradora do amor, desconhecendo o amor por si próprio e na forma original em que foi criado. Assim, não reconhece a sua condição de *ser* humano.

Essas emoções geram experiências de desamor para o reencontro com a Fonte geradora do amor.

A chave mestra consiste em amar a sua condição humana, porque assim estará amando a Fonte espiritual que o gerou – a Matriz Divina – e a fonte material – os pais.

Escute a *Voz* sussurrar no seu ouvido para abençoar o amor recebido do seu pai e da sua mãe, aquele mesmo amor que a criança achava insuficiente. Sinta que foi tudo perfeito, na medida certa para a conexão ao coração.

Feche os olhos e sinta a presença dos seus pais no seu coração. Inspire, respire e sinta as bênçãos da Luz Rosa da Mestra Rowena e do Arcanjo Samuel sobre você, sinta!

Sinta gratidão e apreciação pela sua história vivida até aqui; sinta gratidão pelo fato de seus pais terem cumprido o projeto Divino de tê-lo presenteado com a vida; agora cabe a você dar prosseguimento a esse projeto.

Tome o amor do seu pai e da sua mãe, do cálice sagrado da alegria, da abundância e da prosperidade, do propósito de vida, da aliança com o Criador. Sinta esse amor!

Inspire, respire, abra os olhos.

Caso tenha sentido desconforto com o exercício, sugerimos-lhe acolher essa sensação e dar continuidade ao processo de autoconhecimento, já que será o fio condutor para se apropriar de quem você nasceu para ser, na centelha Divina do *Eu Sou*.

Tudo o que você sente, pensa e fala propaga-se em vibrações de ondas transmitidas até faixas de frequências elevadas se as vibrações pessoais forem compatíveis com essa sintonia, ou o oposto, quando entrarão em frequências densas.

Evite dar guarida às energias intrusas no mental e no emocional. Faça a sua parte, pois fazemos a *nossa*. E não existem condições para fazermos a *nossa* parte, e quanto menos condições colocar na forma de viver, mais acessará mundos de amor incondicional, onde o merecimento pertence a todos.

O merecimento propaga-se na velocidade da luz, em uma frequência de ondas geradoras de ecos no seu entorno, que chegam a vibrações sintonizadas com a verdade Divina, onde todos são merecedores.

A classificação em merecer ou não merecer; certo ou errado; bom ou mau; justo ou injusto; verdadeiro ou falso; bonito ou feio; rico ou pobre; branco ou preto é condição humana aprendida desde criança, o que subordina o amor incondicional dos pais pelos filhos a condições e enquadramentos ao merecimento mediante recompensas e punições, pois o amor incondicional dos pais, sem julgamentos e condições, acaba por se moldar às circunstâncias da vida terrena, contaminando o amor por meio de condições.

Portanto, as pessoas podem carregar o sentimento de somente merecerem o amor dos pais, de si mesmas e dos outros se cumprirem as regras do merecimento.

Como manter os filhos ilesos a isso? Parece algo impossível.

Os filhos absorvem e replicam condições e medos do sistema familiar. A virada de chave começa pelo despertar da consciência dos pais para mudar o movimento dos filhos na vida, pautados na sabedoria do amor.

Você não fez por merecer a proteção dos Anjos e Seres de Luz?

Você merece, mesmo sem fazer!

O Sol simboliza os aspectos do masculino da ação e da realização. A energia do dia. A Lua simboliza o feminino do emocional e da imaginação. A energia da noite.

Pois o poder emocional da Lua alimenta o poder de ação do Sol. A forma como o emocional percebe as experiências é determinante para a maneira como as pessoas se movimentam na vida, assim cabe ao feminino o protagonismo de impulsionar o masculino. Quanto mais em equilíbrio as emoções, tanto mais em equilíbrio as realizações.

A polaridade do masculino e do feminino é pertinente a todos os seres, sem exceção, e quanto mais em equilíbrio os aspectos da emoção impulsionadora do feminino com a força realizadora do masculino, maior será o alinhamento vibracional no campo energético e a consequente potência eletromagnética de realizações na vida.

O feminino e o masculino são de igual importância, e a integração dos dois aspectos provoca o êxtase da celebração da unidade Divina das duas polaridades.

Um padrão comum a inúmeras pessoas diz respeito ao depender emocionalmente do outro para realizar na vida. Se não são bem tratadas, enfraquecem e não realizam o seu propósito de alma, vivendo em um ciclo de dependências emocionais.

"Eu cuido do outro para ele cuidar de mim, na forma de reconhecimento do quanto sou imprescindível na vida dele. Desse modo, também estarei sendo valorizada e cuidada." Esse é apenas um exemplo de dependência, na qual existe uma relação de um depender dos cuidados do outro e o outro necessitar de reconhecimento, em um modelo que impede o cuidar de si próprio e permitir que o outro aprenda a se cuidar.

Os aspectos da dependência emocional têm origem na sujeição da criança aos seus cuidadores, pois ela não sobrevive sozinha, necessita de cuidados básicos e de sustento em todas as fases de desenvolvimento até a sua autonomia.

Como já foi dito na introdução das *Conversas com os Anjos*, o ser humano pode perpetuar os vínculos infantis na idade adulta, na busca da simbiose com a mãe e na proteção dos pais, conforme registros impressos na sua psique e manifestados na necessidade de depender do outro.

O ser humano viveu no ventre da mãe, foi nutrido por ela, e pode buscar isso na vida de forma inconsciente pelo desejo de ser cuidado por alguém. De outra forma, pode haver a projeção da ausência da nutrição, devido à rejeição e ao abandono materno e/ou paterno, em relacionamentos dependentes ou abusivos que repetem rejeições e abandonos, em busca da afetividade ausente na criança.

Há também a influência da modelagem do feminino e do masculino decorrente do modelo do relacionamento entre os pais, se era uma relação fortalecida pela contribuição de cada um ou distorcida por dependências entre eles. E dependências pressupõem fraquezas no relacionamento.

Imagine alguém com o desejo de que as pessoas a compreendam e a atendam em suas emoções e necessidades, mas, quando isso não acontece, fecha a cara em tristezas e mágoas, esperando que alguém a tire de um lugar de abandono, de isolamento, no qual a própria pessoa se colocou, trancafiando os sentimentos à espera do acolhimento salvador.

Na raiz dessa forma de funcionamento há de se olhar para os emburramentos da criança que esperava a compreensão dos pais, bem como para a modelagem às disfunções no relacionamento entre eles, devido à repetição desse comportamento no casal, em que a mulher fechava-se em mágoas, e o homem, por sua vez, afastava-se por se sentir rejeitado, ou vice-versa.

Em outro exemplo, pessoas com comportamento ingênuo tendem a colocar um véu para evitar enxergarem a realidade tal como ela se apresenta, vivendo sujeitas aos interesses dos outros. Submetem-se e se subordinam às situações para a manutenção de relacionamentos como tábuas de salvação. Em um olhar mais apurado, podemos ver um dos pais submetido ao outro, fazendo de conta que não está enxergando o que lhe desagrada, como forma de manter a relação. Assim, dilui-se a possibilidade do crescimento mútuo, da troca, da presença da sabedoria e da verdade no seio familiar.

Os filhos modelam a identidade do masculino ou do feminino conforme a maneira de os pais se relacionarem, o que se reflete na forma como eles se relacionam consigo mesmos e com as pessoas, no princípio da presença da unidade do pai e da mãe em cada filho.

O ser humano busca a sua unidade no outro, sendo que a integração ao Todo reside em si mesmo, provinda da integração do pai e da mãe no seu ser e, por consequência, na Fonte Criadora.

O ego é um fator de dissociação dessa unidade que busca uma identidade pessoal, baseada em um mundo material para formatar as experiências de conquistas pessoais. E tudo bem! São as fases do crescimento humano.

A questão consiste no aprisionamento a esse modelo na busca insana no externo daquilo que está dentro, em dependências do outro para encontrar o seu próprio caminho, sem perceber a projeção dos comportamentos nas outras pessoas como um espelho para mostrar o caminho dentro de si mesmo. Em resumo, pode existir um comando interno de necessidade do outro para sobreviver.

Sabemos que o ser humano é um ser sociável, precisa da vida em família e em sociedade, porém isso pode chegar a níveis doentios, motivos de depressões e vazios na alma, pela incapacidade de nutrir a si mesmo e de andar sobre os próprios pés, atraindo relações de dependências emocionais, com controles e apegos em níveis elevados.

O recolhimento por meio do afastamento da multidão faz-se necessário para o encontro da essência de cada um.

Oportunize-se ver o mundo do lado de fora, como um observador, enquanto se conecta ao esplendor do seu mundo do lado de dentro.

A proposta da convivência humana compreende o compartilhar e a realização por meio do crescimento mútuo em uma rede colaborativa para o crescimento da coletividade.

A jornada terapêutica permite o mergulho nas partes carentes e desintegradas do ser à sua unidade, bem como no sentido de pertencimento interno e ao mundo ao redor.

Seguimos, portanto, na temática anterior de dependências emocionais, trazendo os condicionamentos desde a infância, como a necessidade de atenção em tempo integral, que se reflete na vida adulta em dispersões da identidade pessoal pela busca de constantes provas de amor, a qual gera uma relação com o amor como algo escravizante.

A criança geralmente percebe os pais como seres incompletos em si mesmos, como se um precisasse do outro para existir, assim como a criança precisa dos dois. A fusão dos pais traz a unidade do masculino e do feminino, só que as distorções no relacionamento entre eles enfraquecem a unidade na criança, por isso que as separações podem ser tão avassaladoras, agravadas pelo sentimento de que os pais não existirão separados e tampouco ela.

A raça humana separou-se da Fonte Criadora e, separada, enfraqueceu. Então busca no outro a sua força, o seu complemento, sentindo-se incompleta em si mesma. Disso surgem tantas distorções na psique, como as dependências emocionais.

Como já dito, na raiz das dependências emocionais há as distorções na relação com o pai e a mãe. Situações de rejeições, de mágoas e de abandonos no vínculo com a mãe refletem no *animus* da alma, pois a mãe representa a fonte geradora da vida, e curar essa relação mais aproxima o ser do seu propósito de alma.

Na relação com o pai reside a força às realizações na vida. No entanto, voltamos à mãe. Ela representa a carga emocional dos filhos, e as emoções são a combustão para a ação, ou seja, provém da mãe o abastecimento da energia vibracional para a força do movimento na vida. Os medos da mãe em relação ao movimento dos filhos repercutem em entraves na caminhada deles.

Importa olhar também se existe uma desconexão com a mãe, o que pode gerar sentimentos inconscientes de a mãe ser uma desconhecida, no sentido de estranhamentos e distanciamentos dela, o que pode repercutir na vida com dificuldades de enfrentar situações desconhecidas por evocarem memórias de dores, implicando também distanciamento da realização pessoal, pois o propósito de vida tende a permanecer desconhecido até a cura da relação com a mãe.

De outro modo, o medo dos filhos em relação ao novo, a ousar, a realizar, tem origem na obediência inconsciente à própria mãe, típica de sistemas rígidos de educação. Por outro lado, em ambientes controladores surgem as apatias e as inseguranças devido às superproteções.

A mãe é a culpada? Não, ela é a cura.

A mãe representa o útero gerador da vida, o receptáculo que recebeu outra alma com os códigos celulares da vida e dos filamentos do amor.

A criança desabrocha no abraço da mãe, no olhar acolhedor dela, nas palavras de incentivo, momento em que os códigos do amor são plenamente ativados. A mãe, com suas dores, medos e crenças, esquece-se do seu poder gerador da vida e contamina a sua cria com os mesmos medos e crenças.

Em uma metáfora, o filho é uma duplicata dos pais, e essa duplicata é impressa no campo material da vida por meio da mãe, ou seja, se a tinta da impressora estiver descolorida, o papel também ficará sem cor.

A consciência da mãe em relação ao seu poder Divino da criação através do filho, assim como o abastecimento dessa ligação por meio do amor incondicional e da confiança de que o seu filho é fruto de uma centelha Divina, já é garantia de sucesso de seus rebentos no mundo.

Deus tem especial predileção pelas preces de uma mãe.

E o pai? O pai é o esteio que ampara e fortalece a força da mulher e, consequentemente, do filho. O pai é a estrutura, a solidez, a estabilidade em uma relação tão vinculada à combustão das emoções entre a mãe e o filho.

Lembrando que tomar o pai e a mãe no coração simboliza beber do cálice sagrado das dádivas da vida, da riqueza, da abundância, do sucesso destinado a todos.

Apesar de tudo, sinta o amor em você.

Apesar de tudo o que lhe aconteceu, busque o amor em você.

Apesar de toda a dor que sentiu, expresse o amor por você.

Apesar de toda a solidão sentida, faça companhia a si mesmo, seja uma boa companhia para você.

Apesar de todo o abandono sofrido, siga em frente.

Apesar do medo de sentir o amor, sinta-o, pois ele lhe dá a motivação de viver.

Siga em frente, siga na trilha do amor e deixe o amor voltar para perto de você.

Um novo ano, uma nova etapa, um novo ciclo. O calendário se sobrepondo à vida. A ilusão do relógio.

E o que ficou na mala para a virada dos ponteiros? O que precisa ser liberado dessa mala? O que levará para a viagem que se descortina à sua frente todos os dias?

A cada dia, a cada minuto, renasce o Ano-Novo, época de celebrar, de amar.

Que a sua mala seja leve, colorida, alegre.

Que o amor seja o objetivo maior da sua viagem.

4º Raio
Branco

Nós o vemos
como alguém perfeito.

Virtudes: perfeição, decisão, disciplina, equilíbrio, purificação, ascensão etc.
Dia da semana: quarta-feira
Mestre Ascenso: Seraphis Bey
Arcanjo: Gabriel e Esperança
Elohins: Claire e Astreia

Este Raio representa a pureza na sua forma original. Pode causar estranheza visto que parece ser uma cor desprovida de cor. A cor branca traz a emanação cristalina da cor perfeita, representando a ascensão alcançada pelos Mestres deste Raio e irradiada para toda a humanidade.

O Raio Branco trabalha em todos os vórtices energéticos, representando a luz branca que clareia a escuridão, na simbologia da dualidade das emoções humanas. O Mestre Seraphis Bey, junto com o Arcanjo Gabriel, cuida dos portais que revelam as dores da alma vividas em vidas passadas. Os olhos e o chacra frontal, em especial, recebem a influência deste Raio para a amplitude de visão até o 3º olho, "o olho que tudo vê".

A cor Branca atua na alma como um feixe de luz que transcende a escuridão, a fim de que as demais cores avancem no trabalho de restaurar a maestria da alma ao seu propósito Divino.

Por vezes pode duvidar de quem você é.
Nós não duvidamos!
Você é amor, uma centelha Divina do Criador.
Seus Anjos o protegem!

Como observa as coisas à sua volta? Quer as coisas perfeitas, as pessoas perfeitas, as peças encaixadas, tudo sob controle, a fim de evitar problemas no caminho? Tudo perfeito.

Ah, que pena! Deu um vento forte e desencaixou as peças. Você sofre? Do que se protege? Disseram a você que o mundo é perigoso?

Saia das exigências da perfeição humana de acreditar que as coisas funcionam melhor se você estiver no controle delas. Perceba que nem a vida se sujeita a controles. Observe como as imperfeições trazem sabedoria e uma perfeição aos olhos do espírito. Olhe para o medo de fracassar, de ser julgado.

As mudanças o assustam? Elas soam como revisitar *fantasmas* do passado? Já se agarrou de maneira ferrenha ao certo, ao seguro, por medo de mudar?

O apego aos comportamentos do passado se origina de resistências. A resistência à mudança bloqueia o fluxo do novo.

Por vezes as pessoas fazem escolhas erradas movidas pelo medo, provocando um turbilhão de mudanças inesperadas e seus consequentes arrependimentos. A previsibilidade transmite segurança; o imprevisível assusta.

Entretanto, a frequência do inesperado promove a evolução. Creia que o Universo impulsiona os ajustes de rotas aos aprendizados. Entregar-se aos ajustes da mudança permite a manifestação do fluxo do bem maior.

A mudança traz a oportunidade de experienciar recursos internos que talvez sejam desconhecidos por você. *Nós* sabemos dos seus potenciais.

Permita-se experimentar o frescor e a empolgação das mudanças na vida. A vida acontece no movimento do crescimento pessoal. Se seguir no fluxo da mudança, coisas novas chegarão até você.

Busque a perfeição no Alto. Vá ao Criador, use a potência eletromagnética da união do poder da mente e do coração para criar os seus desejos.

Considera-se desconfiado? Desconfia do que e de quem? Por quê? A desconfiança vem da dúvida. Do que duvida? Alguém duvidava de você?

Perceba que as certezas são construídas a partir das dúvidas, porque elas têm o papel de empurrar o ser humano em busca de respostas. Nas fórmulas prontas de certezas exclui-se o poder da dúvida, a qual levaria à certeza e ao conhecimento do aprendizado necessário.

As dificuldades surgem quando as pessoas se enrijecem em certezas ou alimentam incertezas que paralisam a ação. Trouxemos mais dúvidas? Construa as certezas a partir delas, para, daqui a pouco, desconstruí-las e construir outros acertos; assim seguirá no fluxo do crescimento na vida.

O que tem nas mãos? Olhe! O que vê nelas? Observamos um traçado na mão direita representando a sua linha da vida. Será uma linha de incertezas ou de certezas internas se confiar na existência de uma força maior a guiá-lo.

Quem lhe deu a linha da vida? Seus pais? Certo. E quem deu a eles? Vá mais atrás e chegará à sua ancestralidade; vá mais adiante e chegará à Fonte de toda a Criação.

A Fonte Criadora vibra na perfeição. Ela assinala um plano perfeito a cada criatura e temos certeza da sua capacidade de alcançá-lo; cabe a você se alinhar ao seu plano de existência.

Como? Desperte a autoconsciência além dos muros que o prendem em um campo de incertezas, por desacreditar que é capaz de alcançar os seus sonhos, por ficar preso em dúvidas, sem sair do lugar.

Faça perguntas para buscar, por meio da dúvida, as certezas: "Estou confortável com as minhas atitudes? Costumo atrair conflitos por conta delas? Sinto amorosidade em mim? Consigo expressá-la? Sinto-me integrado e conectado ao meu ser? Sinto-me integrado à família? Tenho claro o que busco na vida?".

E para concluir lhe daremos uma lista de certezas:
1) Deseje ver.
2) Deseje aquilo que vê.
3) Estabeleça metas para alcançar os seus desejos.
4) Derrube os tijolos assentados na parede da alma que o afastam do seu propósito.
5) Ancore a força do mental e do emocional.
6) Ponha as mãos em ação.
7) Sinta o céu em você.

Nós enxergamos em suas mãos os fios condutores de energias capazes de conectá-lo a mundos de incríveis possibilidades.

Os seres humanos costumam ser implicantes uns com os outros e com as situações. A implicância resulta em entrar numa situação, daí a questão se torna parte do implicante, por focar na imperfeição e no consequente julgamento, bem como a presunção de querer as coisas de acordo com o próprio jeito, por achar o tal jeito o mais certo e sem levar em consideração o outro, sendo que a partir disso são desconsiderados os ruídos, surgidos da comunicação imposta por uma verdade a qual se acredita ser a correta.

Nessas condições, a pessoa desconecta-se da frequência do equilíbrio e entra no purgatório de implosões internas e externas, pelo fato de as coisas não serem do jeito desejado.

Assim, pergunte-se: as coisas precisam ser do meu jeito? Por qual razão desejo que os outros se comportem do meu jeito? Por que do meu jeito é o melhor? Quem me vendeu isso? Quem me impôs um jeito estreito de ver as pessoas e as situações? Olhe para esses questionamentos.

Recomendamos manter as antenas ligadas dos canais sensoriais de escuta atenta para ajudar a evitar tensões e conflitos nos relacionamentos.

Cada vez que as pessoas se comparam com as outras, elas sofrem. Essa comparação é uma forma de autojulgamento.

A comparação traz um sentimento de incapacidade com raízes nas comparações dos pais quanto ao comportamento dos filhos, pelo desejo de modelar os filhos na igualdade de atitudes e por dificuldades de lidar com as diferenças entre eles, o que causa na criança o impacto de que um era o melhor e o outro o pior, em vez de estimular e apreciar as diferenças como habilidades inatas de cada um.

Apreciar o outro significa se autoapreciar; nisso reside a igualdade em relação ao outro, pois todos vieram da mesma Fonte Criadora abundante de virtudes e talentos. Aprecie-se sem moderação!

Uma aceleração interna. Aonde vai com tanta pressa? Quem o apressa? As coisas à sua volta estão agitadas? E dentro de você? O *lá fora* reflete o *aí dentro*.

Faz várias coisas ao mesmo tempo e depois se pergunta, esgotado, qual o sentido de tudo isso?

Liberte-se da obrigação de apresentar resultados o tempo todo. O resultado ideal compreende a satisfação pessoal pelo esforço empregado nas ações.

Evite levar a aceleração do tempo para dentro de você. As fases difíceis da vida acontecem por tentar controlar o tempo ou as pessoas. A sua essência não está no relógio correndo.

Não há tempo a perder? Tempo é dinheiro? Acelerar o tempo representa mais dinheiro?

O dinheiro vem da sabedoria usada para gerenciar o tempo. Você pode encontrar a riqueza na paciência ensinada pelo tempo.

O dinheiro não está no tempo, e sim em suas mãos, nas oportunidades criadas com elas. Você tem ouro nelas, na capacidade de gerar riquezas, e para onde for levará consigo todo esse manancial.

Tem contemplado a paisagem, as flores, a caminhada? Busque o entendimento da existência ao seu redor e como isso o afeta. O equilíbrio interior transmite as respostas. Deixe fluir, solte o controle. O momento da colheita chegou. Esteja presente para colher.

Renove as energias junto à natureza, respire profundo, alongue o corpo, brinque, divirta-se, aproveite a viagem, aprecie a jornada. O aprendizado está na viagem e sempre haverá novas experiências. O final não existe.

O desejo por uma nova realidade pode conflitar com a manutenção de situações de dores e resistências.

Há, nesse caso, uma zona de divergência pelo fato de o desejo de uma situação mais favorável divergir do quadro emocional e mental, por haver pontos de tensão em desacordo com a realidade desejada. Divergência significa o oposto de convergência.

Desse modo, pergunte a si mesmo se os seus objetivos convergem para a realização na materialidade. A mente e as emoções estão alinhadas ou existem pontos de divergências?

A resistência traz as zonas de divergências internas no mental e no emocional, as quais repercutem no corpo por meio de dores nas juntas, nos joelhos, na patela e nos pés, entre outras.

O suplantar corresponde a vencer as zonas de adversidades do pensar e sentir, refletindo na superação das dores musculares e ósseo-esqueléticas.

O soltar – aceitar – confiar – permite a convergência para as cocriações e manifestações na realidade.

É tempo de plantar? É o momento de colher? É a época de amar?

Todos os anos, todos os dias e todos os momentos expressam o tempo ideal para o movimento equilibrado da mandala da vida: corpo – mente – alma – espírito.

Supere-se! Suplantar é a meta!

Espíritos afinados também desafinam, no sentido de que se afastam da própria essência. Quais razões o fazem desafinar? Excesso de controles? Tem dificuldade de escutar? A mente atropela para antecipar o final da história?

Desenvolva a habilidade de perceber com o 3º olho – o que tudo vê e tudo ouve –, silenciando a mente para escutar o espírito.

Com o 3º olho descobrirá coisas incríveis a seu respeito.

Converse com os Anjos, seus Guias de Luz, *Nós* o ouvimos. Temos lugares extraordinários para lhe mostrar, inalcançáveis às ilusões do mental.

Confie na magnitude do Universo, os Anjos o amparam!

5º Raio Verde

Você é a cura.

Virtudes: Verdade Divina, cura, abundância, proteção, regeneração, concentração etc.

Dia da semana: quinta-feira

Mestre Ascenso: Hilarion

Arcanjo: Rafael e Mãe Maria

Elohins: Vista e Cristal

O Raio Verde da cura traz a simbologia da cor da Medicina, da cor das plantas que tudo restaura e da natureza exuberante. O Mestre Hilarion, o Dirigente deste Raio, entende bem da energia curadora dos mundos elevados, pois já habitou o mundo terreno encarnando a sabedoria da Medicina.

Esta cor vibra no chacra cardíaco, assim como o Raio Rosa, numa simbiose do amor curador, eis que a ponte de comunicação dos Seres de Luz, para que a cura chegue até o ser humano, dá-se pelo chacra do coração.

O verde e o azul são as cores dos combatentes, ou seja, as chamadas cores da linha de frente do exército de Trabalhadores da Luz, a serviço da cura e de dias melhores para a humanidade.

Tudo tem um propósito e se você se concentrar no coração compreenderá o motivo de todo esse desgaste e desequilíbrio. Você lutou bravamente, saia do desânimo e de temores por acreditar que está sendo punido pela vida.

Evite se culpar pelas situações das pessoas ao seu redor, não há como você saber o que se passa na cabeça delas nem na de ninguém.

Lembre-se disso e cuide apenas da sua cabeça. Estamos focados em trazê-lo ao seu eixo numa força-tarefa de Luz.

E a Luz emanada a você reflete a mesma luminosidade enviada a todos, sem distinção e sem julgamentos.

Para cada pessoa há um plano Divino de reconexão com a Fonte Criadora.

Nós cuidamos, protegemos e emitimos vibrações de cura para você.

Nós o amamos!

Muitas das dificuldades presentes no cotidiano não passam de ilusões criadas na mente. Mentiras inventadas podem se tornar verdades de mentirinha. O que busca: meias verdades ou verdades inteiras? Em qual realidade você existe: na das ilusões ou na da verdade? Por que foge da realidade? Acha tão ruim assim a enfrentar?

Enfrente-a sem dramas, deixe-a fluir na sua vida, para descobrir a sua genuína capacidade.

Tem saudade das brincadeiras de criança? Gostaria de voltar a brincar de faz de conta num mundo de mentirinha onde todos são felizes? A verdade dá a sustentação; o mundo de mentiras esfarela-se como castelos de areia.

A verdade exprime a amorosidade; as ilusões mostram uma dura realidade quando se depara com um encanto inventado para a sobrevivência. Você já pode sobreviver sem essas invenções.

Às vezes se acha uma farsa? Assuma a sua real identidade. Acolha as suas dores para se apropriar da sua essência e libertar a sua força interior.

Crescer não dói; negar o crescimento dói. Busque a veracidade a seu respeito. Restitua a rota da sua existência. Expresse-se na Virtude da verdade com amorosidade.

Evite ficar hipnotizado na frente da telinha assistindo a vidas que não são a sua. As falsas vidas são plantadas no mental do ser humano para mantê-lo afastado da sua essência.

A hipnose ou a alienação mental faz as pessoas desejarem uma vida irreal, para comprarem coisas com o objetivo de se sentirem parecidas com quem não são, entendeu?

O que está atrapalhando a sua paz de espírito? O que tira o seu sono? Sente dores no corpo? De onde vêm as dores, de fora ou de dentro de você?

Quanto mais fizer perguntas a si mesmo, mais encontrará a cura dentro de você.

Por vezes faz perguntas às pessoas à sua volta e, como não recebe as respostas, se irrita, se impacienta?

Ninguém vai lhe dar as respostas e o seu corpo grita para ser ouvido.

E isso compreende o caminho para viver na paz de espírito, pois por vezes o seu espírito não tem paz.

Agora é o momento de acessar a cura da mente, do corpo e do espírito. Você tem a força, você pode! Liberte-se de um passado de dores na alma para viver o amor na sua vida presente e futura.

Agradeça ao simples e ao complexo que estão presentes na sua vida, todos os dias, que coisas fantásticas virão até você.

A Terra tem uma pujança de maravilhas que encantam qualquer viajante de outras galáxias. Além das belezas naturais do planeta azul-esverdeado, o grande encantamento que a Terra provoca diz respeito ao seu povo equipado com emoções capazes de mover montanhas, de gerar vidas, de acolher os necessitados, de inspirar com exemplos arrebatadores de bondade e de alegria, de curar outro ser.

O ser humano tem o dom da cura, mas por qual motivo vive momentos históricos de doenças e flagelos em um planeta abastado de recursos naturais? Por que as pessoas se separam da sua natureza ligada ao Criador de todas as coisas?

Por que ainda se comportam como desprovidas da cura Divina, dependentes de arsenais de medicamentos, de analgésicos, de ansiolíticos, de antidepressivos, de tarja preta, dominadas pelas dores emocionais e físicas? Qual o motivo de ocultarem práticas milenares de bem-estar e de equilíbrio interior?

O poder e a ganância prevalecem sobre as massas influenciadas pela propaganda da doença. A humanidade corrompeu a cura interna em nome do lucro que a doença traz. E o mais lucrativo dá mais audiência. Assim, o ser humano desligou-se da cura por meio do espírito e se ligou à dor da fisicalidade.

Na seara da história humana de lutas de poder, o amor foi suplantado pelo ódio, pelas guerras, pela ganância material; o ser humano esqueceu-se da sua origem na fonte primordial Divina; esqueceu-se do espírito. Por isso ele renasce todos os dias. Para lembrar-se disso.

A partir dessa introdução, adentraremos com mais propriedade nos quadros das dores físicas, visto serem uma das especialidades do Raio Verde.

Cada pulso de pensamento cria algo. A cada pulsação, uma criação. Esses pulsos criam padrões de pensamento de dor ou amor.

Os pulsos surgem de alguma emoção unida ao pensamento. Quando a emoção é sentida de forma dolorida, significa que há crenças e medos instalados que corrompem a forma original do pensar.

O sentir/pensar ganha corpo durante a infância por meio da modelação ao sistema de crenças do ambiente familiar. Pensamentos curadores e positivos são a forma original do pensar.

Toda dor nasce de uma forma distorcida de lidar com a realidade; os sentimentos e pensamentos distorcidos, de forma repetitiva, repercutem no corpo físico, local de escoadouro das dores.

O ciclo do sentir/pensar trabalha por meio de pulsos – falamos que cada pulso de pensamento cria algo.

São as contrações e as dilatações, afinal não é esse o movimento gerador da vida: contrações e dilatações?

A contração representa a forma como são sentidas as emoções; a dilatação significa a maneira como elas são manifestadas, ou seja, a emoção e a ação na simbiose da criação do feminino e do masculino.

O resultado das criações do sentir/pensar é a dor ou o amor.

Cada pulso enviado ao cérebro de emoções doloridas aciona uma sinapse neural que se comunica com um ponto do corpo, tudo interligado, porque o ser humano é fruto de uma Engenharia Genética Divina.

Exemplificando, as emoções persistentes de raivas se comunicam com o fígado, um órgão que sintetiza as proteínas, e a raiva sobrecarrega o fígado pelo excesso de cortisol liberado com a emoção negativa, por ser um órgão sensível às emoções.

O ódio e a raiva atingem principalmente o fígado por ele ser o segundo coração, sendo um processador das emoções, com funções mais ativas ainda do que o próprio coração, porque ele tem que dar conta das suas funções normais e dos poluentes emocionais, assim como da gordura dos alimentos e do álcool, o que o sobrecarrega. O fígado está na região do chacra do plexo solar, que absorve energias como o medo. E o que são as dores, senão as emoções sentidas na energia do medo, que é o oposto do amor?

No plexo solar localizam-se também o estômago e os intestinos, e toda essa região absorve a carga vibracional das emoções e do sistema nervoso, ou o conhecido como *"aquilo que deu nos nervos"*; o alimento entra pela boca e segue até o estômago, intestinos, fígado, que, por sua vez, absorvem a toxicidade emocional, manifestada em gastrites, úlceras nervosas, vesículas e cálculos renais.

As raivas não expressadas, as verdades engolidas, ou com frequência explodidas em desequilíbrio, podem afetar a garganta, pois é o órgão da comunicação ligado ao chacra laríngeo.

E como transformar dor em amor?

Cuidando-se das emoções por meio do autoconhecimento, dando bons alimentos à alma e buscando terapia.

As pessoas podem querer expulsar a dor, rejeitá-la, escondê-la, mas ela continuará no mesmo lugar enquanto não forem ouvidas. Dar atenção às dores consiste em um ótimo analgésico, tomando consciência das partes reprimidas, rejeitadas, machucadas, abandonadas, magoadas, que foram crescendo feito monstros sorrateiros e engoliram a expressão original do amor.

Dentro de cada um habita a luz e a escuridão; alimente as sombras e terá o sentimento de viver em uma constante batalha entre o bem e o mal; alimente a luz e perceberá a sombra como uma parte sua que precisa ser integrada à luz.

O processo de iluminar e integrar as emoções sombrias permite o despertar da sabedoria interior, para o acolhimento das dores e a integração à Consciência Superior geradora da fonte de amor.

O Criador manifestou as criações por meio da expressão da Sua vontade na vibração da energia dos táquions, ou energia taquiônica, derivada dos atributos do amor. Essa energia poderosa propaga-se alinhada aos mundos da Luz, sem limites de tempo e espaço.

Ela corresponde à energia da cura e para acessá-la faz-se necessário acessar o magnetismo do coração, o centro de unidade do humano com o Criador, em sintonia com a mente criadora.

Os Anjos e os Mestres da Luz manifestam a energia taquiônica na vibração de suas auras iridescentes. O ser humano pode se conectar a essa energia com a pureza de pensamentos e a sabedoria no coração para curar aspectos em si mesmo em desarmonia.

Os terapeutas centrados no bem maior canalizam a energia taquiônica, pois ela é abundante, sendo a frequência que unifica todos os níveis galácticos.

O ser humano deriva de uma composição química cosmogenética, que corresponde à fusão humana com a centelha Divina, e o milagre da vida acontece por intervenção da energia dos táquions, presentes nas partículas do DNA. Os táquions são a energia de vida no Universo.

A vibração do medo neutraliza a energia taquiônica.

O oposto também é verdadeiro: o amor neutraliza a frequência do medo.

A prosperidade é uma Lei Divina herdada pela humanidade proveniente de uma Fonte abundante de recursos naturais, emanando ao espírito humano a capacidade de alcançar tais riquezas, eis que todas as pessoas são dotadas da partícula Divina do Espírito Criador.

O sentimento de incapacidade em alcançar a prosperidade alimenta a pobreza; no entanto, a riqueza não se alimenta de esmolas.

Existe uma grande parcela da humanidade vivendo em casebres, no sentido de lamúrias em relação ao dinheiro, fruto de heranças de campos familiares impregnados de crenças de escassez, em que o *quantum* de dívidas e despesas é expresso aos quatro cantos, em lamentos, e as rendas são escondidas, pelo medo de serem tomadas ou roubadas.

A espécie humana relaciona-se com o dinheiro por intermédio da energia do medo, e esses medos são provenientes de fundamentos como o medo da perda do provedor da casa, seja por doenças ou por abandono do lar, seja pelo medo da morte dele.

A figura masculina do pai sempre foi associada à capacidade de gerar o sustento da prole, e uma figura masculina ausente, ou que se sentia incapaz de dar conta do sustento da casa, contaminava o seio familiar nessa energia, de onde também surgiram crenças no feminino de incapacidade de gerar riquezas, à mercê da força do masculino.

Por vielas obscuras, o masculino por vezes se ausentou das suas responsabilidades, sobrecarregando o feminino e minando a família com o medo da falta, da fome, da escassez.

Existe um portal dourado de riquezas da Fonte primordial, e esse portal está disponível para o pai, para a mãe e para o filho, ou, melhor dizendo, para o masculino e para o feminino. Dentro de cada um tem um manancial de força, de capacidade e de coragem para colocar em movimento a força interna de crescimento na vida, em uma escala ascendente de prosperidade emocional, física, material e espiritual.

Conecte-se à sua grandeza. Amasse a massa do trabalho com amor e não com dor, assim estará se alinhando aos princípios da manifestação da abundância.

A abundância expressa uma Lei do Universo que diz: "Há para todos". Existe a abundância da justiça, da verdade, da compaixão, do amor, da cura, das riquezas materiais; portanto, todos são iguais nessa Lei.

Por outro lado, parte da raça humana confundiu abundância com ganância. As turbulências humanas são fruto das ações em desconformidade com as Leis Divinas, e para o plano Superior tudo se aproveita para um novo alvorecer, pois não *perdemos a viagem* para emanar a consciência para a reforma íntima, para a retidão, ao modo de viver mais fraterno, no qual todos ganham.

6º Raio
Rubi-Dourado

Você é Deus.

Virtudes: compaixão, devoção, paz, abnegação, pureza, fraternidade etc.
Dia da semana: sexta-feira
Mestra Ascensa: Nada
Arcanjo: Uriel e Graça
Elohins: Tranquilitas e Pacífica

Este raio representa o devotamento, o amor fraternal, a paz. O Mestre Jesus era o Dirigente deste Raio e passou a condução para a amada Mestra Nada.

Esta cor é uma mistura de cores, com a pigmentação do vermelho em abundância. Ela está ligada à energia vital do chacra básico, representando uma cor necessária para a vitalidade desse vórtice energético, quando a pessoa se sente desligada do vínculo terreno.

Representa a cor do cálice sagrado ungido pelo Cristo, como o sangue da nova aliança, que dá uma nova vida àquele que se permitir tomar dessa aliança.

Representa a cor da união do espírito com a matéria, da descida do Cristo no Deus interno de cada um.

Somos devotados ao bem,
Somos um exército a serviço da cura,
Nada nos separa da devoção de glorificar o Mestre Maior,
Por *ELE* damos graça e bendizemos o Seu Nome,
Por meio *DELE* chegamos até você,
Para cumprir a missão de trazê-lo de volta para *casa*,
Porque o amor do Cristo é a sua morada.

A compaixão, na visão dos Anjos, reside na capacidade de se colocar no lugar do outro com a compreensão da autorresponsabilidade de cada um pelas próprias escolhas.

E como se comportar diante de indivíduos que julgam, destilam ressentimentos, vinganças e raivas? Se estiver vibrando em um padrão de baixa sintonia, com pensamentos negativos, entrará nas mesmas vibrações de julgamentos e ressentimentos.

E o resultado? Mais contaminações e vibrações negativas.

Porém, em vez disso, se estiver em harmonia e equilíbrio e se deparar com alguém numa frequência negativa, qual poderá ser a reação?

Talvez grande parcela dos indivíduos acredite que a compaixão deva ser estendida aos sofredores, aos de boa vontade e de boas intenções. Aos rancorosos, raivosos, arrogantes, julgadores: a repulsa e o distanciamento.

Esses aspectos, por vezes, escondem sombras refletidas em comportamentos negados na própria pessoa.

Importa reconhecer e integrar os aspectos negativos nos quais se esconde de si mesmo; assim a humanidade desenvolverá a autocompaixão e poderá estendê-la aos outros, com a clareza de enxergar a todos como a si própria.

Nisso se resume a expressão "somos todos um".

Houve uma época antiga em que as pessoas faziam caridade para ganhar algo em troca, com sacrifícios e devoções ao outro. Nos tempos atuais continuam fazendo para ganhar alguma coisa, e de forma inconsciente esses atos sacrificantes continuam.

Você se sacrifica pelos outros? Deve algo a alguém? Por que faz coisas que não quer fazer? Quem o obriga?

Faça o que vem no seu coração, faça o bem sem olhar a quem, sem culpas e segundas intenções.

Atrai pessoas que se mostram como coitadinhas? Tem pena delas? Acha que não darão conta?

Ao alimentar a pena a alguém, importa analisar aspectos em si mesmo, nos quais sinta pena.

Faça como os Anjos fazem, na medida certa para impulsionar as mudanças, sem fechar os olhos para a responsabilidade que cabe ao outro e sem sentimentos de coitadismos, que colocam o beneficiado da ajuda em um lugar de incapacidade.

Confie na sua capacidade e na dos outros, assim como *Nós* confiamos. Todos vieram da mesma Fonte Criadora, abastecidos de recursos para mudar a realidade. Mude a sua para evitar atrair pobres coitados e, ao mudar a sua realidade, estará inspirando os outros a também mudarem.

Assim terá mais tempo disponível para se cuidar e para realizar coisas importantes para você e a sociedade.

Acredita em uma existência de lutas como num campo de batalhas? Ver a vida de forma dura depende dos óculos que se usam para vê-la; se acreditar ser merecedor de sofrimento, a vida trará lutas e batalhas para certificar essa crença.

O sofrimento do Cristo pregado na cruz remete a uma simbologia implantada na raça humana. Para acessar o Cristo independe de sacrifícios. Jesus não voltará para salvá-lo. A Luz Crística do Mestre Jesus está em você. Acesse-a no seu coração.

Peça o amparo da Virgem Maria. Mais do que o estereótipo de ser uma mãe resignada ao sofrimento do filho, na verdade *Ela* representa uma Mestra de Luz de muita força, pulso e dignidade.

O que abala a sua fé? As tragédias lá fora? Os abusos contra crianças? Os assaltos, mortes, banhos de sangue na TV? Sente as dores dos outros como se tivesse de sofrer por eles?

Corte a conexão com tragédias: isso ressoa no seu campo energético. A violência projetada em telinhas e telonas dissemina o medo por meio da rede neural e afeta o psiquismo das pessoas.

Tem medo de perder as pessoas, de a morte aparecer e levá-las? Solte-as! Você não tem o controle sobre a vida nem sobre os outros. Não se pode viver a vida de ninguém, tampouco a morte. As pessoas que costumam viver a vida do outro tendem a viver a morte também, por causa do reconhecimento do outro pela dor.

Chora a finitude, entretanto se esquece da infinitude da vida. Lembre-se da eternidade do espírito.

Desconecte-se de histórias tristes, vibre na alegria, no amor, na verdade. Mantras, orações e meditação ajudam a sustentar a fé.

Palavras de conforto, orações e envio de luz para o bem-estar dos que partiram, e aos que ficaram, são bem-vindos. E viva a vida na vida!

O Natal representa a natividade, a renovação, a insistência e a resistência, assim como a ressurreição, ou o nascer de novo.

Cristo nasce e renasce para a humanidade resistir ao medo, para insistir no amor, para lembrar-se da sua origem Cósmica.

O planeta gravita num eixo terrestre durante 365 dias até o próximo Natal e o próximo e assim por diante... Por vezes, o Natal é lembrado apenas nas celebrações natalinas, mas todas as bênçãos, desejos e confraternizações dadas e recebidas no dia de Natal reverberam no eixo gravitacional da Terra até a Páscoa, e depois até o Dia das Mães, seguindo até o Dia dos Pais e o Dia das Crianças, que também é o dia dos filhos, completando esse ciclo novamente no Natal seguinte.

É um ciclo de amarração do amor, representando as comemorações da Santíssima Trindade – Pai, Filho e Espírito

Santo – em prol da reconexão ao amor Divino na Terra; por isso existem essas comemorações.

Sabemos que a humanidade é bastante ocupada com as coisas materiais do cotidiano. Sim, há uma materialidade para dar conta, e não é prudente fugir disso. Contudo, com a energia do Espírito Santo presente na vida diária, os compromissos da vida material serão cumpridos de maneira abençoada.

As datas comemorativas objetivam a celebração e a reflexão sobre o amor ensinado pelo Cristo. O ser humano desvirtuou esse propósito para os excessos do consumo.

Cabe a você ter bom senso para escolher de qual festa quer participar.

7º Raio
Violeta

Você é livre.

Virtudes: liberdade, transmutação, gratidão, perdão, misericórdia, purificação etc.
Dia da semana: sábado
Mestre Ascenso: Saint Germain
Arcanjo: Ezequiel e Santa Ametista
Elohins: Arcturus e Diana

A cor deste Raio simboliza a nova era e a nova Terra, que transitou do roxo do pecado e da culpa, imposto pelas religiões, até a cor violeta da transmutação e da libertação do ser.

O Mestre Saint Germain, que na Terra esteve em encarnações gloriosas como um sábio redentor, está à frente deste Raio, conduzindo o rebanho humano para novos tempos de alegria da alma.

O Raio Violeta vibra no chacra coronário, na altura da cabeça, representando a ligação com o Divino, com a transcendência e a liberdade para voar acima dos aprisionamentos da condição humana.

Esta cor representa uma chama que queima antigos padrões, carmas e crenças, trazendo para a aura humana a cor violeta da redenção.

Atua em conjunto com o 6º Raio – da passagem da era de Peixes, que trazia a simbologia da culpa humana pelo sangue de Jesus derramado, para a era de Aquário, em que o ser humano corrige os seus atos por intermédio da consciência libertadora e do amor fraternal.

É hora de libertar-se! É hora de voar! Ative o "modo avião" e silencie.

Escute a *Voz* que o guiará no seu plano de voo.

Se sair do ponto A para o ponto B e retornar ao ponto A sem ter havido transformação, é provável ter andado em círculos. Embarques e desembarques, chegadas e partidas. O que está segurando que precisa deixar partir? Percebe a vida como um trem descarrilado? Cadê o maquinista?

Nós o guiamos para um lado e você puxa a direção para o outro, e o trem acaba voltando ao mesmo ponto de partida. Por que não anda para a frente? Por qual razão volta ao ponto de origem? Qual o motivo de as dores se repetirem? Quer voltar ao passado e consertar o que foi dito e o que não foi dito? Quais aprendizados com esse passado? Pergunte-se.

Se o *disco* travou em alguma parte da música, existe alguma dor para ser ouvida. Volte o *disco* ao início da canção, escute-a outra vez e perceba qual parte tocou o seu coração.

Guardar mágoas do passado enrijecem os pensamentos e intoxicam o emocional. Reconcilie-se com o que já passou para poder receber o novo. Enquanto olhar para o passado com dor, o futuro não se apresenta por falta de espaço, pois a dor ocupa o lugar do novo.

Olhe por outro ângulo, distancie-se da situação com as lentes da compaixão e deixe partir o passado para receber um futuro renovado. Perdoe, permita recomeços, solte, desapegue para o novo se manifestar.

A viagem não acabou, foi interrompida pela resistência. É provável as situações estarem mostrando algo. Talvez o amor e a fé oscilem em você. Não acha que está na hora de estancar as feridas?

Abençoe o passado, sorria e deixe-o partir.

Liberte-se! Como? Com o amor que tudo cura.

Entre chegadas e partidas, aproveite o aprendizado da viagem.

A gratidão é um sentimento tão antigo quanto as marés, os deuses e as deusas e a natureza. E por natureza entenda todas as criações provenientes da Fonte Criadora. Com a criação nasce o sentimento de gratidão pelo deslumbramento da criação.

A gratidão remonta aos tempos da consagração aos deuses pelo alcance das graças; pela colheita farta do plantio.

Aos milagres.

Mas, afinal, o que é a gratidão?

A gratidão representa o milagre. Por sua vez, o milagre nasce do sentimento do amor implantado no ser humano para capacitá-lo a realizar milagres, e a emoção presente no resultado milagroso alcançado manifesta-se na gratidão.

O sorriso de um filho emoldura um milagre; o resultado do trabalho mostra a colheita do milagre. O enlace de enamorados indica um milagre; a paz de espírito é milagrosa, e junto ao milagre acontece a emoção pela graça alcançada.

Conectar-se à energia do amor simboliza o milagre da cura. Por isso a gratidão acontece na frequência do amor; na ingratidão há o afastamento dessa frequência.

A gratidão é um estado milagroso de amor.

E como ser grato? Os humanos submetem-se às crenças de finitude do ser e de medos que os mantêm separados da Fonte primordial do amor, assim se afastando dos milagres, da gratidão.

Demanda uma jornada de retorno a essa Fonte. Parece já esgotado o termo "ou se aprende na dor ou no amor". Mas por que a raça humana ainda se esgota em dores até aprender pelo amor?

Por estar inconsciente da consciência libertadora do sentimento de unidade do amor, dos milagres e da gratidão.

Silencie a mente, escute o coração. Eis o milagre da gratidão.

As situações da vida o estão guiando para que o melhor chegue até você, tudo está sendo divinamente orquestrado, mas, com frequência, trava no meio do caminho para lamentar o que *faltou* na vida? Isso atrasa o processo de evolução e o afasta do propósito do amor.

Os dramas criados no mental se originam, em sua maioria, da *falta* refletida na gangorra emocional da vitimização ou, o oposto, da vingança abastecedora de pensamentos maus para cobrar a conta dos que causaram sofrimentos.

A escassez é a mãe da *falta*. A depressão revela a *falta* superdimensionada. A ansiedade projeta a *falta* no futuro. Controles remetem ao medo de *faltar*.

A vibração da *falta* afasta as pessoas da frequência de abundância do Universo, por emitir códigos vibracionais de desconfiança da Fonte abundante do Universo, resultando em bloqueios no fluxo do dinheiro, do trabalho, dos relacionamentos etc.

O Universo desconhece a vibração da escassez; a frequência do Universo pulsa na abundância.

A boa notícia é que o sentimento da *falta*, assim como tem o poder de puxar as pessoas para baixo, também as impulsiona para cima.

Como? Por meio da gratidão.

O exercício para sair do estado de lamúrias da escassez chama-se *gratidão*. Ser grato requer perdão às ausências na vida.

A gratidão abre as portas da abundância; o oposto, a reclamação, mantém as portas fechadas.

Dentro de você há uma morada onde habita a sua essência Divina. Por vezes se esquece disso e mora num casebre, preso em reclamações e vitimizações?

Sair do estado de lamentação encoraja o ser humano na busca de alternativas e recursos por meio de experiências desenvolvedoras de competências humanas. Foi a partir de necessidades que a humanidade evoluiu ao longo dos séculos, com as conquistas e os aperfeiçoamentos por meio de invenções, de melhorias estruturais à sociedade, do desenvolvimento científico e tecnológico etc.

Saia desse chororô e seja grato ao que faltou; seja grato ao que recebeu dos seus pais; agradeça ao passado, ao presente e ao futuro vindouro. A gratidão atrai boas-novas e eleva a alma ao sucesso abundante.

Viva no estado de presença para manifestar o que *falta* e se alinhar ao objetivo da sua jornada.

Você sabe toda a cartilha para acessar as riquezas da sua alma.

Só falta lembrar.

Um coração ferido tem duas alternativas: ou sangra até morrer – no sentido de se afundar – ou se reconstitui, tomando a dor como impulsionadora a uma nova história, ao começo de um novo ciclo.

Qual caminho quer seguir? Tem medo de estar sozinho nessa caminhada? O que há de tão ruim em estar apenas com você?

Em certos momentos, sente-se como um vulcão em erupção? Para onde correm as lavas do emocional? Expresse as dores, chore.

Avista o horizonte e enxerga um novo mundo, mas se percebe distante dele? Acredita ser incapaz de alcançá-lo? Com frequência se enrijece em pensamentos e comportamentos?

A mente pode levá-lo a lugares fantásticos, desde que as emoções sejam o seu porto seguro.

O perdão, a alegria e a afetuosidade transformam as lavas sombrias do vulcão em águas cristalinas que banham tudo à sua volta.

O enfrentamento do desconhecido abrirá novos horizontes. Contemple o pôr do sol. Por que se abater com a chuva se há um sol destinado a você?

Siga a rota do seu sol interno, *Nós* o guiaremos. Confie!

Inúmeras pessoas carregam memórias que as castigam como as mãos que lhe davam tapas.

A intenção podia doer mais do que a agressão, porque a criança agredida não entendia como alguém cujo papel era dar proteção trazia perigo. Como o ser idolatrado poderia causar sofrimento? São as incoerências humanas.

Daí se cresce pisando em ovos, falando baixinho, assumindo papéis de submissão para não ver caras feias, escondendo-se para não apanhar.

Quando se caminha com passos incertos, se deseja dar o passo certo?

Assim eram seus pais, eles acreditavam nos passos dados como os mais acertados para conseguirem dar conta e para ensinarem, ainda que por vias tortas, que se precisa apanhar para aprender. Nisso reside a crença do aprendizado por meio da dor.

Acredita nisso? Liberte-se, perdoe-os, para aprender as lições na forma do amor. Outra consequência dos traumas da criança ferida diz respeito ao fechar os olhos para evitar enxergar o que a magoa, fugindo de se posicionar nas relações interpessoais.

Isso gera, por instinto de sobrevivência, o comportamento de evitar se envolver para não se machucar e, como consequência, a necessidade de se proteger com o uso de máscaras para camuflar as tristezas.

O tempo do choro dolorido já passou, porém ainda se dispersa em recordações do passado? Quer culpar os outros pelas suas derrotas? Libere do inconsciente a vingança, ela o enfraquece.

A tristeza é sinal de falta de confiança no plano Divino. Deus escuta o seu choro, mas é libertador encontrá-lo na alegria.

Ajoelha-se em pedidos de clemência ao Criador pela remissão dos pecados? Disseram-lhe que Deus castiga? Que "Ele não mata, mas achata"?

Medos e culpas criam a crença do não merecimento do amor. Faz-se necessário primeiro amar a si mesmo; o amor necessita existir dentro para poder existir fora. O perdão precisa existir em você para ser dado a alguém. E no perdão está a sua salvação.

Enquanto acreditar no pecado atrairá dedos apontados para você que acreditam em um universo onde há um Deus punitivo em cada pessoa, e assim julgará a si mesmo e aos outros.

ELE não o julga e nem o condena. Isso são crenças da humanidade em um Deus julgador e punitivo.

Na raiz da relação deturpada com Deus, observamos ressentimentos e mágoas dos pais, bem como as crenças deles mantidas pelos filhos a respeito da espiritualidade.

Os pais reportam à metáfora da unicidade da Trindade. O pai, a mãe e o filho. O comportamento psicológico dos pais reflete-se na saúde emocional dos filhos. O perdão dos filhos aos pais liberta-os de realizarem o que ficou reprimido no inconsciente dos pais e de tomarem para si heranças emocionais negativas do campo familiar.

Curar a relação com os pais simboliza curar a relação com Deus ou a Fonte Divina Criadora.

Os Mestres Ascensionados falam em perdão. O perdão traz paz ao coração e liberta dos grilhões que aprisionam os seres humanos.

Ame os pais de forma incondicional e, apesar das mágoas, perdoe-os. Apenas ame e as dádivas do Universo iluminarão a jornada. Assim terá a visão da graça Divina – a visão de que a jornada é uma dádiva.

Você foi gerado numa Fonte primordial, a centelha Criadora habita em você; existe um *Espírito Curador* atuando na libertação de dogmas, crenças e sombras, por meio do sustento na Luz primordial. Acredite!

A humanidade aceitou o sofrimento e o pecado como forma de redenção, acreditando que, para ser merecedora do céu, precisa sofrer; isso é uma ilusão.

Mas como não acreditar quando as mãos pregadas na cruz o dilaceram por dentro?

A raça humana entendeu os planos da Fonte Divina de forma equivocada, *Ela* nunca ofertou a dor. Jesus, na crucificação, não compartilhou o ataque, nem o julgamento, nem a perseguição. O maior ensinamento *Dele* foi sobre o perdão e o amor, não sobre o sofrimento. Sofrimentos escondem pensamentos sem perdão.

Ao que você está unido: à crucificação ou à ressurreição?

Onde existe o medo há a separação. Os separados vivem como se estivessem sendo crucificados.

Corrija esse equívoco, desça da cruz; perdoe. O perdão é o caminho do amor ensinado pelo Cristo, pois o seu perdão trará luz à escuridão, apagando as chagas do sofrimento. Quando o aprendizado necessário se realiza, percebe-se que a dor não mais existe, assim como acender a luz e não mais se lembrar de que havia a escuridão.

Desapegue-se do passado, perdoe-se pelos seus erros e concentre-se no presente, no agora. Acorde do sono do mundo e desperte para a Luz Divina. Quando iluminar a escuridão, os erros ou os tais "pecados" desaparecerão.

O ser repleto de pecados, condenado à morte, não é o filho de Deus. A crença no pecado mantém as pessoas separadas da Luz Divina.

A Fonte Criadora não condena, *Ela* é amor, e, mesmo não condenando, deu o perdão que restaura o amor, pela vontade primordial da felicidade às suas criaturas. Quaisquer erros que tenha cometido, a verdade sobre você não mudou.

Deus, ou a Fonte Criadora, garante a sua perfeição, a abundância do Universo é sua. A luz, a paz, a alegria, a felicidade, o amor, é tudo seu, sintonize nessa frequência.

O perdão liberta as pessoas; ele corrige o mental e o emocional por meio da paz interna.

No entanto, existem absolvições concedidas por sentimentos de superioridade ou por piedade em relação ao outro. Isso não é perdão. O perdão concedido por motivos inconscientes impede as pessoas de crescerem, tanto para quem dá quanto para quem recebe o perdão.

O perdão libertador exige um período que o antecede para a ciência dos atos e o aprendizado necessário dos envolvidos, pois há um processo de maturação até a chegada do perdão, que dissolve as amarras que aprisionam as pessoas em determinadas situações.

Por trás do perdão apressado pode haver um desejo inconsciente do livramento das dores sofridas e a negação da autorresponsabilidade na atração da situação. Perdoar para se libertar da dor corresponde a uma falsa libertação.

De outro modo, há os que carregam o peso de algo imperdoável, seja por terem cometido a falha, com o amargo sabor da autopunição, seja por terem sido acometidos de atos de outras pessoas, perpetuando o veneno do rancor e da vingança. Ambas as formas aprisionam as pessoas.

Permitir o tempo para a reforma íntima de si mesmo e do outro é um ato de amor e de perdão.

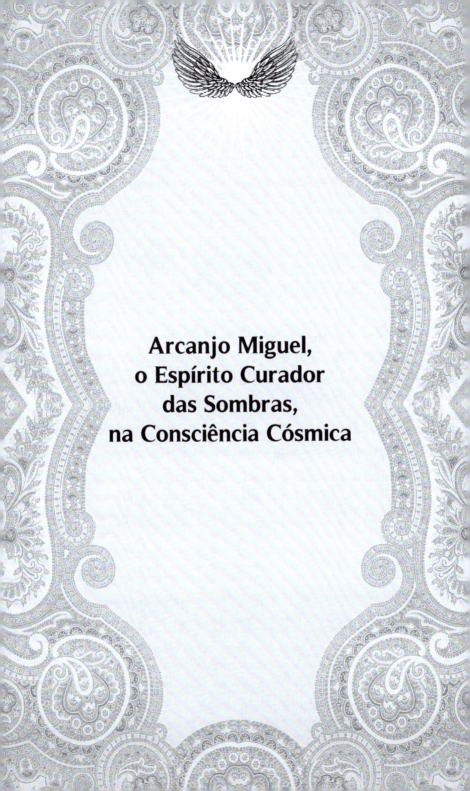

Arcanjo Miguel, o Espírito Curador das Sombras, na Consciência Cósmica

Por convocação da vibração de Arcanjo Miguel, apresenta-se, agora, um corpo docente especialista nos estudos da psique humana e de outros espaços siderais, centrado em Virtudes da sabedoria infinita, que ordena todos os mundos, a fim de difundir níveis de conhecimento da Consciência Cósmica, que é a Consciência da Fonte Criadora, para a jornada de autoconhecimento e autoconsciência.

O Universo
e os universos

Cada um vive no universo que acredita existir. As pessoas dão forma e movimento às realidades que estão no mental e no emocional. De onde vêm essas realidades?

Há um universo único em cada pessoa, conforme suas crenças, modelagens, personalidades, interesses, enfim, uma gama de variáveis que criam um universo que pode se alinhar ou se distanciar do propósito da alma.

A alma como que acumula milhas de viagens e, assim, cria universos a cada estação denominada *vida*. Cada pessoa encaminha-se na vida para habitar um universo próprio, sendo que os universos similares se atraem pelos códigos vibracionais emanados de cada um.

Contudo, as pessoas podem acreditar em uma verdade que talvez nunca aconteça, buscar uma redenção que nunca venha, já que existem muitos universos a serem conhecidos, além das cercanias nas quais a pessoa acredita.

Qual é o universo verdadeiro para se viver?

Os mundos da Luz são os ideais a serem vividos, porém o espírito precisa da liberdade para transitar em vários universos, pois isso lhe dará o passaporte para viver em mundos com sintonias mais elevadas. A alma precisa da dimensão da sua existência nos vários universos coexistentes no átomo gerador da vida para ascender ao Universo da Consciência Cósmica.

O propósito Divino consiste no compartilhamento de conhecimentos e serviços de cada universo com os demais, numa troca de experiências e crescimento mútuo, em que cada um, dentro do seu mundo, contribui com os demais universos ao seu redor, no mesmo modelo dos inúmeros planetas, constelações e universos coabitados em um Universo da Consciência Cósmica, cada qual com suas funções e atribuições.

No entanto, existe uma *matrix* espiritual, como uma cópia da espiritualidade, que prega a separação dos universos, a serviço de ideologias de grupos. Há de se ficar atento a isso, pois mensagens subliminares podem afetar o sistema neural e afastar o espírito da sua jornada de elevação da consciência e do despertar da alma ao seu propósito.

Porque assim como há uma *matrix* terrena, existe uma *matrix* espiritual, a qual foi criada pela mesma *matrix* terrena, na finalidade de trazer confusão e separação à espécie humana em nome do poder e dos ganhos materiais. As hipnoses coletivas são implantadas na raça humana desde tempos remotos, e a expansão da consciência é o melhor antídoto para se ficar imune a essas influências nefastas.

De outro modo, evite esforços desnecessários para enquadrar as pessoas no seu universo, pois cada um habita em um mundo próprio de valores, histórias, percepções e formas de agir e reagir às situações.

Ao analisar, comparar, julgar, rejeitar e resistir ao modo de alguém viver, você acessa o campo vibracional da pessoa, ficando à mercê de embaraços energéticos, o que acarreta esgotamentos físicos, mentais e emocionais, além de comprometer a potência da sua própria vida e se dispersar do propósito do seu próprio universo.

A alma, o espírito

Ao nascer, a criança emite o primeiro respiro ou *spiritus* – o sopro vital de conexão ao Espírito Criador. O espírito é a consciência, a alma é a sede das emoções, sendo o espírito o mediador entre a mente emocional, o inconsciente, e a mente racional, o consciente.

A alma tem milhas acumuladas de experiências em jornadas emocionais e, acoplada em corpos, vive experiências de dores e amores na matéria para um dia retornar à grande Consciência Cósmica.

O espírito exerce a missão de libertador da alma, resgatando as partes desfragmentadas em processos de dor para o aprendizado e a evolução da alma. Ele emana a consciência da cura ao ser, que, por sua vez, está sujeito às leis que regem o Todo, como as leis de ação e reação, de causa e efeito, de regeneração cármica, para a jornada de cura da alma.

Quanto maior a consciência espiritual, tanto mais as lições de perdão e amor curarão as dores da alma. Daí as dores se tornarem um trampolim para o caminho evolutivo, impulsionadoras do crescimento, eis que o movimento do Espírito do Universo é a evolução por meio da transformação.

A jornada de encontro ao *Eu Sou* diz respeito à autor-responsabilidade das escolhas. Escolhe-se dor, colhe-se dor; escolhe-se amor, colhe-se amor; porém ninguém em sã consciência escolhe a dor, é algo inconsciente. Por mais que uma vida tenha sido intensa em sofrimentos, cujas experiências repetidas de dor geraram crenças de que se nasceu para sofrer, houve, no entanto, escolhas e acordos para o espírito despertar a alma do sofrimento e assim descobrir a sua grandiosidade.

Ao se dar boa vontade ao espírito para ele cumprir a função de curador da alma, a colheita da dor vai sendo abreviada.

A verticalização, ou o mergulho em si mesmo, permite a conexão ao poder do *Eu Sou,* em que cada um descobrirá a própria maestria. Após esse aprendizado, se estará apto a horizontalizar para expandir a maestria aos outros numa rede colaborativa.

Ativar a conexão espiritual permite desabrochar o processo de despertar a alma do sono do mundo. Unificar a alma à Fonte Criadora simboliza a função primordial do espírito.

Há uma afirmação bíblica que pode ser confundida com crenças de desmerecimento: "Eu não sou digno de que entreis em minha morada, mas dizei uma palavra e serei salvo" (Mateus 8:8).

Mas, na verdade, essa mensagem contém um poderoso símbolo de libertação às almas presas em processos de escravidão, por se sentirem indignas de receber as dádivas destinadas a elas devido ao sentimento de culpa.

O ensinamento espiritual contido na afirmação fala na ressurreição do espírito. O Cristo nunca se ausenta da *casa do pai* e dos seus filhos.

Esta é a mensagem do Cristo: esteja presente na sua *casa*, num sentido de presença na escuta, na fala, no sentir, no mental, enfim, na plenitude do ser. Isso chamamos de sabedoria.

O ser que não está presente na sua essência, conduzido pelo espírito, desculpa-se por se sentir indigno da presença do Cristo nele.

A afirmação a seguir abre códigos para o *Espírito Santo Curador* atuar na libertação da alma.

Agora feche os olhos e repita em voz alta, com o coração:

"Eu não sou digno de que entreis em minha morada, mas dizei uma palavra e serei salvo" (Mateus 8:8).

Ao final da frase, repita três vezes, em voz alta, a palavra: "Liberte-me".

E acrescente:

Espírito Curador, liberte-me de qualquer escravidão na minha alma.

Espírito Curador, liberte-me de qualquer escravidão no meu espírito.

Espírito Curador, liberte-me de qualquer escravidão na minha mente.

Espírito Curador, liberte-me de qualquer escravidão no meu corpo.

O propósito da alma

Nenhuma vida é vivida em vão. Toda existência tem um propósito. Alinhar-se ao propósito de vida consiste na missão de cada um.

O propósito da alma abrange o propósito da vida, eis que o ingresso da alma no corpo físico anima a vida.

O projeto da alma envolve encontrar a luz e o amor-próprio. A autocura por meio do amor simboliza o principal propósito de vida do ser humano.

A jornada de autocura abrange a libertação de registros de culpas por infrações cometidas contra outras almas, numa jornada de retorno ao coração, para o despertar da consciência por meio da cura da alma para que ela ascenda a planos mais evoluídos.

E quanto mais a alma se libertar de experiências passadas de fracassos, mais livre estará para viver outros propósitos ligados à satisfação pessoal.

Uma vez conhecida a missão principal da alma, comum a todos, como se alinhar ao propósito de alma, exclusivo a você?

A alma carrega a centelha Divina da Fonte Criadora, sendo a criação uma das funções da alma. Uma alma distante de sua motivação de criação reflete em vazios existenciais. Quanto maior o alinhamento do espírito à alma, mais o propósito de vida se revela. Quanto maior a comunicação com a alma, mais a pessoa se afina com aquilo que a motiva.

E o que significa viver no propósito de alma?

Representa estar a serviço de um propósito maior, sendo contribuição por meio de dons e habilidades trazidos para esta vida. Necessário se faz escutar as emoções e dar voz à alma, expressando os seus anseios, a fim de expressar os seus talentos para um propósito que lhe traga alegria, realizações e serviço às outras pessoas.

Muitos já se conectam desde tenra idade com o seu propósito por questões do processo evolutivo, por escolhas da própria alma e por afinação do espírito com a alma.

Entretanto, para outros, os registros de dores da alma interferem na manifestação do propósito de vida. Assim sendo, o "eu sobrevivente" assume o comando repetindo experiências do passado pelo medo da dor, do novo e do desconhecido.

Na verdade, grande parte da humanidade vive refém das emoções, distanciando-se do propósito maior de vida e da realização pessoal, com dificuldades de externar a força de vontade e a autoridade individual.

Os motivos da manutenção do "eu sobrevivente" já foram aqui abordados por vários ângulos, como os condicionamentos do mental quando preso em experiências do passado, os registros de medo do inconsciente coletivo, as experiências de dor da ancestralidade, a jornada de equívocos da espécie humana.

Assim sendo, você está vivendo o seu propósito ou as distrações do mundo estão o distraindo da sua essência? Ou está vivendo o propósito de vida das outras pessoas? Ou alguém está usando você para realizar o próprio propósito?

No padrão de ser *usado* por alguém aparecem inúmeros motivos ocultos, como bloqueios energéticos entre as pessoas, dependências emocionais, situações cármicas, culpas, sacrifícios e doações ao outro.

Por exemplo, quem viveu em campos familiares muito rígidos pode atrair alguém autoritário para ficar sob os mandos e desmandos dessa pessoa, anulando sua identidade pessoal por precisar da proteção de alguém mais forte para coordenar a sua vida. Da mesma forma poderá ficar à mercê de viver o propósito de alguém ou empregar a sua energia para a realização do outro.

Isso também explica muitos processos de procrastinação de projetos na vida, em que o indivíduo vive distanciado de si mesmo, em busca do amor das pessoas, enfiado na cabeça e nas emoções dos outros para aplacar um vazio interno.

Quando o foco passa a ser a unidade interna, o amor flui ao encontro do ser – o amor curador e fortalecedor da alma.

Os ambientes rígidos influenciam em outra forma de procrastinar, eis que o indivíduo movimentava-se sob pressão e quase sempre com resistências e atitudes de raiva para com a pressão recebida. Assim, na vida adulta, pode precisar de alguém para empurrá-lo nas realizações ou necessitar de pressão e prazos para concluir as tarefas, com a consequente negação e a resistência ao movimento de realização pelo sentimento de incapacidade e por depender do outro e de pressões para realizar.

Importa também olhar as crenças limitadoras, como a menos-valia, sentimento de incapacidade, honras ao campo familiar pelo medo de magoar a família por se dedicar a uma atividade contrária à vontade dos familiares, medos de exercer uma atividade não rentável, sentimentos de escassez em relação ao propósito, por ser insuficiente ou incompatível com o mercado de trabalho etc.

Essas crenças provêm da forma como os pais incentivam, ou não, os aspectos de realização pessoal nos filhos, assim como da maneira como os próprios pais conduzem a energia do trabalho em suas vidas.

Pode haver ainda medos na alma revelados na fuga do propósito de vida pelo medo de errar, por ter vivido histórias de fracassos ou por ter prejudicado outras pessoas, nessa vida ou em vidas passadas. Aqui entra, mais uma vez, o papel do *Espírito Curador* para a libertação da alma e o alinhamento ao seu propósito de vida.

O sucesso foge de você? Você aceita esmolas de sucesso? A sua vida tem importância?

Grande parte da humanidade passa a maior parte da vida atribuindo mais importância à vida dos outros do que à sua própria vida. Isso provém da falta de importância que sentiam no campo familiar, que por sua vez replicava os mesmos sentimentos recebidos dos antepassados.

O feminino sofre ainda mais pelo histórico secular de menos-valia da sociedade em relação à mulher, convertido em constantes lutas de afirmação da igualdade feminina em relação ao homem.

Para a Fonte Criadora, todas as criaturas têm igual importância, sem exceções. O ser humano criou as desigualdades e as disseminou como fonte de subjugação, fator implícito nas tendências escravagistas do planeta.

A questão da ausência de importância pessoal cria o padrão de se fazer *conta* das situações nas quais a pessoa sente-se destituída de importância pelos outros, somando e acumulando rancores e ressentimentos por meio do espelho do outro, que reflete o próprio sentimento de se sentir sem importância.

A verdade é que a grande massa da população não faz ideia do que é capaz de realizar na vida, presa em culpas, crenças limitadoras, ciclos repetitivos de dores, à margem do sucesso, travando o fluxo de prosperidade.

A sua vida importa, a sua vida é importante, você merece ser importante, merece ter sucesso. Os seus pais são importantes. Os seus ancestrais são importantes.

Repita isso para si mesmo. Repita até acreditar ser verdadeiro.

Algo ainda para se atentar diz respeito à reclamação em relação à energia do trabalho, pois a reclamação prende a pessoa àquilo sobre o que reclama. A gratidão ao trabalho possível no momento permite o fluxo para o propósito da alma se manifestar, e, com frequência, a experiência vivida em um trabalho faz parte de uma preparação para o propósito da alma.

E onde está o seu propósito de alma?

Ele está onde você estiver. E onde você estiver estará a sua essência, a sua parte Divina ligada ao seu espírito.

O que você fez hoje pelo seu propósito de vida? O quanto está se distraindo de si mesmo?

Se viver no passado ou no futuro, você estará lá atrás ou lá adiante, e não estará aqui, na sua essência. O seu propósito acontece no momento presente.

A materialização do seu propósito de vida consiste no somatório das ações empenhadas a diariamente, por isso a importância de se dar intenção a cada dia da vida, escrever os seus projetos, estabelecer metas, com os pés na terra e coração ao alto. O propósito de alma pode mudar durante o percurso, pela conclusão do objetivo inicial proposto à evolução da alma, sendo agregados outros dons e habilidades, pois a vida compreende uma jornada de movimento e crescimento. Quando as pessoas estagnam na vida, inclusive no propósito de alma, o fluxo Divino empurra para mais e além.

Incontáveis pessoas demoram a conhecer e a manifestar o sentido de sua existência, passando por caminhos tortuosos e dolorosos até a realização pessoal, em uma longa caminhada para se apropriarem da missão de vida. Isso compreende tanto as escolhas da alma quanto os atrasos na caminhada evolutiva, por alguns dos motivos aqui expostos.

Porém a Fonte Curadora não *perde a viagem* e, mesmo diante de distanciamentos do propósito de vida, promove o alinhamento da rota no tempo curador devido.

Se estiver angustiado por desconhecer o seu propósito de vida, busque a resposta em você. Medite, pergunte à Fonte Criadora com a confiança de que receberá a resposta.

Pergunte-se o que o motiva, qual a sua paixão, o que gosta de fazer que lhe dê brilho nos olhos. Conecte-se com a sua alma para ouvi-la. Volte mais atrás, na criança que gostava de brincar com coisas que faziam esquecer-se do tempo. Essas coisas são uma boa pista.

As vibrações do número do caminho da vida e da alma mostrado na Numerologia indicam as habilidades, interesses e potências direcionados ao propósito de vida.

Na Numerologia dos Anjos, *Nós* revelamos os motivos de a criança ter-se afastado do que alegrava a sua alma.

As mentes

Imagine uma pirâmide ou um triângulo. A base da pirâmide, à direita, nominamos como mente consciente, aquela que toma decisões, percebe a realidade, julga e analisa. A outra base, à esquerda, representa a mente inconsciente, responsável pelas emoções, o porão onde ficam depositadas as crenças e as memórias mais rasas e também as mais profundas. No topo da pirâmide resplandece a mente Superior, ou Onisciente, ou o *Espírito Curador*, conectada à Fonte Divina Criadora, ou Deus.

Imagine agora um grande olho no centro da pirâmide. Esse olho representa o ego, que filtra as experiências e seleciona aquelas que ficarão no nível consciente e as que serão guardadas no inconsciente. O ego determina a personalidade do indivíduo. A meta do ego consiste em servir à essência, estabelecendo relacionamentos com o mundo exterior.

O ego escuta as vozes do mundo; a essência escuta a *Voz* da Fonte Criadora. Quando a essência assume o protagonismo, o grande olho passa a enxergar a essência Divina do indivíduo, manifestada no "olho que tudo vê". No entanto, num piscar de olhos, o "olho que tudo vê" pode sucumbir à visão aos olhos do ego; assim como num outro piscar de olhos pode reassumir a direção para elevar a consciência do ser.

As pessoas estão exercendo o poder pessoal por meio da governança do ego e o resultado tem sido catastrófico, seja pelas atitudes superiores de arrogância, de orgulho, de intolerância, de egoísmo, seja pelas atitudes inferiores de insegurança, busca de aprovação, medo, culpa, impotência etc.

O ser humano negou a sua identidade ao se separar da sua essência Divina, ausentando-se do relacionamento consigo mesmo devido à divisão das mentes.

Os pensamentos sintonizam ou na voz do mundo, sujeita à voz do ego, ou na *Voz* da Fonte Divina. A escolha pela voz do ego rompeu a comunicação direta com Deus.

É necessário o exercício da aceitação, da confiança e da entrega para se reconciliar ao fluxo de dádivas do Universo. Não duvide de que o ego vai oferecer resistência a essa entrega. Ele vai dar inúmeros motivos para acreditar que as estratégias desespiritualizadas dele são o melhor caminho. Não dê ouvidos. E por que o ego faz isso?

Porque ele criou uma mente *à parte* da Fonte Criadora, na qual a separação estará salva por intermédio do medo. Sentimentos de medo demonstram que a mente está sendo guiada de forma equivocada. O medo demonstra resistência e faz com que o ego tenha o controle da situação, impedindo a entrega à Luz Divina. O objetivo é usurpar o poder de Deus.

O *Espírito Santo* veio a ser o *Curador*, o restaurador da integridade da mente e da comunicação com Deus na unicidade da Trindade. *Ele* permanece na mente curada para mantê-la na luz da alegria e da criação.

Ele é o mediador entre a mente consciente e a inconsciente; *Ele* faz a ponte entre os dois mundos, entre o céu e a terra, e ambos estão em cada indivíduo.

O despertar para a unidade do *Espírito Curador* simboliza a ressurreição prometida, a vitória de Deus sobre o ego.

A conexão à mente Superior do *Espírito Curador* reflete no entendimento das emoções negativas por meio das lentes do amor, mantendo o corpo físico repleto de saúde e bem-estar.

No lar do *Espírito Santo Curador* habitam a verdade e o amor. *Ele* representa Deus em ação, o Guia, a *Voz* interior, o Curador, o Restaurador, o Anjo, Arcanjo Miguel. Escolha o nome que mais lhe agradar.

Ele é o espírito da alegria. A mente curada está a serviço do espírito para a libertação do amor irradiado do coração. O caminho para a essência está na mente Superior, todo o aprendizado sempre esteve aí. A mente doutrinada permitirá o coração manifestar a plenitude do amor.

Apronte a mente para receber as suas dádivas. Escute o silêncio para escutar o *Espírito Curador*. Escute-o com o coração. Abra os olhos para enxergar com o "olho que tudo vê".

Aceite e confie que há um plano Divino para a sua evolução. Entregue o seu pensamento à Fonte Divina e conhecerá o poder real da criatura em verdadeiro relacionamento com o Criador.

A respiração

Já tratamos aqui, no *Conversas com os Anjos*, sobre a raça humana condicionada a funcionar no modo sobrevivência e seus reflexos no emocional e no mental.

Assim sendo, uma Equipe de clínicos gerais do mundo Multidimensional expõe considerações sobre as consequências desse padrão no corpo físico, como o estresse ou a fadiga celular.

Eles dizem que o processo celular recebe as informações do ambiente e se adapta de forma positiva ou negativa. A anomalia denominada *disbiose* corresponde a uma resposta às situações estressantes do meio, com uma interrupção do transporte de oxigênio para as células, como se elas não conseguissem respirar. A estrutura celular adapta-se às situações estressantes por meio da sobrecarga do processo enzimático, refletindo em esgotamentos físicos e mentais.

A *disbiose*, em menor ou maior grau, é algo mais comum do que se imagina. O indivíduo responde com comportamentos estressados às situações do cotidiano, que por vezes não seria para tanto, mas a sobrecarga celular avoluma as questões, como se a pessoa estivesse sujeita às tempestades em copo d'água.

De outra forma, as pessoas costumam se alimentar de forma rápida, por terem muitos afazeres, pois o ser humano faz coisas o tempo todo. E a aceleração na hora da alimentação interfere no metabolismo, na oxigenação celular e no processo de nutrição das células.

Nessa configuração há um padrão neural subordinado aos agentes estressores, em que o processo de alimentação assume a função do comer para sobreviver, sem a consciência alimentar, comprometendo os nutrientes necessários ao organismo.

Comer devagar é imprescindível para a melhor absorção dos nutrientes, entre seus tantos benefícios. Também ajuda a treinar a rede neural a um ritmo mais equilibrado, pois a mastigação pausada tem reflexos na desaceleração em outros movimentos, como o andar mais devagar, o observar e o silenciar.

É preciso dispender tempo para nutrir o corpo, mastigar, mastigar e mastigar para a mente desacelerar e participar de forma ativa na nutrição, uma vez que as sinapses neurais são fortalecidas com a melhor absorção de vitaminas pelo organismo, como o zinco, o ferro e o magnésio.

A aceleração ao comer transmite à mente a sensação de que não houve quantidade de alimento suficiente, e então vem a ansiedade para se comer mais, com reflexos em outros desequilíbrios, como a compulsão em comer o tempo todo para suprir a necessidade de se fazer coisas o tempo todo.

Os exercícios de respiração auxiliam na oxigenação celular, trazendo vitalidade, e ajudam a combater a oxidação celular. O oxigênio precisa circular nas células, sendo que fatores como o estresse e a ansiedade interferem no fluxo adequado do oxigênio.

Para ajudá-lo em estados de equilíbrio e de consciência da respiração, o *Espírito Curador* apresenta um ritual a ser feito ao acordar e antes de dormir, bem como nas ocasiões de agitação interna.

São quatro tempos de inspiração e expiração; inspire profundamente, puxe o ar do abdômen, e eleve a inspiração até o alto da cabeça, segure o ar e solte com força pela boca aberta.

A cada inspiração e expiração, repita no mental o mantra a seguir; sinta no corpo a vibração de cada frase. Na última frase permaneça alguns segundos de olhos fechados para o centramento do mental ao corpo.

1º) *Espírito Curador* limpe todas as minhas células.

2º) *Espírito Curador* oxigene todas as minhas células.

3º) *Espírito Curador* renove todas as minhas células.

4º) *Espírito Curador* revitalize todas as minhas células.

A qualidade do sono e dos sonhos

Ao dormir, o ser humano experimenta a morte por meio do sono. O corpo e a mente precisam transmutar os burburinhos do dia no silêncio da noite. Uma das funções dos sonhos consiste em descarregar o excesso de informações absorvidas pelo mental durante o dia. Há também os sonhos premonitórios e os conscienciais para trazerem cura.

Leve bons pensamentos para a cama, faça faxina mental antes de se deitar. Anote num papel os compromissos para o dia seguinte, a fim de relaxar a mente. Diga a si mesmo: "Amanhã vejo isso".

Noites maldormidas geralmente trazem dias mal vividos. Muitos fatores interferem na qualidade do sono: preocupações, coisas mal resolvidas, ansiedade e medos.

Picos altos de ansiedade trazem picos altos de insônia, pois a mente não consegue se desligar e quer resolver durante a noite aquilo que está destinado ao dia, ruminando problemas ou *trabalhando* atrás de uma solução. A determinação que pode ter faltado durante o dia para a solução de coisas do cotidiano precisa ser usada agora, na hora do descanso.

É de grande importância a programação mental antes de dormir, na frequência de relaxamento. Para tanto, determine à mente que é hora de dormir e descansar; por isso, comande:

"Gratidão à minha mente por mais um dia; gratidão ao meu corpo por mais um dia; gratidão à minha alma por mais um dia; gratidão ao meu espírito por mais um dia. Agora eu comando ao meu ser que é hora de dormir e ter um sono reparador na Luz do *Espírito Curador*. Estou pronto para dormir e descansar."

Faça respirações profundas ao deitar utilizando os quatro tempos de respiração e Decretos do *Espírito Curador*, apresentados anteriormente, e após repita:

Eu Sou a Luz!
Eu Sou a Confiança!
Eu Sou o Amor!
Eu Sou Grato!

Recomendamos, ainda, intencionar antes de dormir, por meio da visualização criativa, as manifestações desejadas para o dia seguinte, o que corresponde à força emocional do feminino preparando a ação do masculino, ou seja, as emoções impulsionando o poder mental das realizações.

Se, por vezes, acordar com a impressão de ter sido sugado durante a noite, cansado e sonolento, pode ter havido a desvitalização energética devido ao espírito ter ficado disperso, à deriva durante o sono, à mercê de energias densas.

Os comandos do *Eu Sou*, apresentados na seção anterior, ajudam a dar direcionamento ao espírito no sono, para não ficar sob influências espirituais negativas, assim como pode acontecer durante o dia.

Ocorre que, durante o dia, a consciência está desperta e deve estar atenta para manter as vibrações elevadas, evitando as ressonâncias com faixas vibratórias densas.

À noite é necessário fortalecer a mente e o espírito antes de dormir; as afirmações do *Eu Sou* têm esse propósito.

As orações e mantras são ótimos tonificantes e protetores energéticos. Por isso, desde que o mundo é mundo, as pessoas incorporaram o hábito de rezar à noite para proteger e fortalecer o espírito e a alma.

Ademais, evite o uso de tecnologia no mínimo uma hora antes de dormir. Se puder, evite levar celular e computadores para o quarto; além das ondas eletromagnéticas dos aparelhos, que interferem no sono, há também o condicionamento do cérebro aos avisos e notificações de mensagens, os quais podem disparar programações inconscientes de alertas no mental.

Mesmo no caso de o celular estar no silencioso, o cérebro estará recebendo os sinais e poderá provocar o sono fragmentado e até mesmo o despertar.

Evitar cafeína e mate após as 18 horas. Recomendável tomar chá de capim-cidreira, erva-doce ou camomila, que são ansiolíticos naturais.

Leve um copo de água para o quarto, deixe-o ao lado da cama. Caso desperte durante a noite, beba três goles de água invocando São Miguel Arcanjo para restabelecer o seu sono.

Se você tem oscilações no ânimo e estados nervosos durante o dia, dê especial atenção à sua noite. A qualidade do seu dia depende do bem-estar à noite; o cuidado ou descuido com a frequência à noite será determinante para a qualidade do seu dia, e vice-versa.

São simples atitudes que ajudam a melhorar a qualidade do sono e dos sonhos.

O Comando de Cura
de São Miguel Arcanjo de 21 dias

As sombras são as emoções e os sentimentos que as pessoas rejeitam enxergar; elas representam o lado não aceito da personalidade. Enquanto as emoções negativas continuarem nas sombras, elas serão repetidas em alguma outra situação na vida.

As ressonâncias são padrões vibratórios de atração por afinidade vibracional. Por exemplo, o sentimento da resistência caracteriza uma sombra que emite códigos vibracionais no campo celular.

E por que isso acontece?

Porque o padrão celular emite códigos vibracionais ao meio ambiente, ou seja, as sombras se escondem em casulos celulares que emitem sinais, como rastreadores, localizados por outras pessoas com padrões similares.

A tomada de consciência revela o primeiro fio de luz; a atitude da mudança, o perdão e a autocompaixão removem esses códigos, e a gratidão vem para purificar.

A jornada humana compreende a experiência da dualidade das emoções para desvelar a luz na escuridão, no objetivo maior do despertar da consciência à cura da alma para que ela ascenda a planos mais evoluídos.

Foque na correção da escuridão, perdoe-se e estenda o perdão, isso lhe dará paz.

Os processos terapêuticos são fundamentais ao autoconhecimento e à transmutação da dor em amor.

Permita o *Espírito Curador* ser o seu Guia na jornada de cura de 21 dias com Arcanjo Miguel, transcritas nas próximas páginas.

Os 21 dias

As informações são processadas no mental por centenas, dezenas, milhares de vezes. A mente precisa acreditar na informação pelo poder do hábito, da repetição, assim como as crenças são reproduzidas em atos e palavras até o mental aceitá-las como verdade.

A repetição ajuda a doutrinar a mente para ela aceitar algo como real; a prática dos 21 não é para o Universo; os 21 dias são para você!

Manifestações de 21 dias têm por objetivo a autoconsciência para determinadas questões. Contudo, cada pessoa apresenta um tempo de resposta e há de se respeitar o tempo necessário para o aprendizado da cura acontecer.

Além disso, a soma de 2 + 1 resulta no número 3, que remete ao sagrado da filosofia espiritual da unicidade da Santíssima Trindade ou da unidade das mentes Superior, da consciente e da inconsciente.

Ademais, o cotidiano na vida terrena acontece de forma tão corrida, com a vida sendo vivida às pressas, e certas coisas precisam ser assimiladas com mais vagar, com mais contemplação e apreciação, assim como a conexão da pessoa consigo mesma, com os outros e com as coisas ao redor.

O Comando de Cura

O Comando de Cura de 21 dias de Arcanjo Miguel é um processo terapêutico por meio de uma limpeza profunda em relação às memórias de dor e das crenças negativas. E limpeza pressupõe tirar o lixo para fora, e curar. Neste caso, simboliza trazer luz às sombras por meio da aceitação, do perdão e da transmutação.

Qual é a sua dor? Quais são os seus medos? Com quais chaves de consciência abordadas neste livro você se identificou?

Intencione a libertação no Comando de Cura. Faça-o durante 21 dias com um tema específico a cada Comando de 21 dias.

Podem surgir memórias em sonhos ou durante o dia, pois o objetivo deste Comando compreende iluminar as sombras.

Chore, expresse-se, deixe partir, solte e confie na sua cura.

A finalidade maior consiste em remover os obstáculos que o separam das Virtudes emanadas dos Raios Cósmicos da Grande Fraternidade Branca.

Então, comande esta oração, com intenção no coração, durante 21 dias; leia primeiro em silêncio, sentindo cada palavra vibrar em você, e após leia em voz alta:

"ARCANJO MIGUEL, com sua espada de luz, de corte, cura e proteção, cure em todas as minhas células, DNA, corpo quântico, níveis de crença, campo da vida, e em todas as linhas de tempo de vidas passadas e desta vida, tudo aquilo que traumatizou, desfragmentou o meu ser, toda a dor que me fez esquecer quem *Eu Sou* e me separou da Fonte Divina Criadora.

Restabeleça a Conexão da minha Alma de forma plena com a Supra Mônada, com a aliança Divina da Criação, pois eu vibro na grandiosidade do meu Ser.

Estou feliz e agradecido por tudo o que vivi, porque agora sei que tudo isso me trouxe até aqui.

Estou feliz e agradecido porque agora vibro na potência máxima do Criador.

Eu Sou Luz, Eu Sou Luz, Eu Sou Luz. Grato, está feito!"

Em oração decrete ao seu ser:

Eu corrijo os meus pensamentos à Luz do Eu Sou.
Eu decreto a manifestação da plenitude da minha essência.
Eu dou a permissão para o meu propósito de vida se manifestar.
Eu aceito a abundância de coisas boas a mim destinadas.
Eu dou permissão ao *Espírito Curador agir* em mim.
Eu aceito, entrego, confio e agradeço à Fonte Divina a condução da minha jornada.

Oração de 21 dias de Cura da mãe/pai aos filhos

Arcanjo Miguel, junto com as Mestras Rowena e Kuan Yin, traz orientações à maternidade e ao amparo fundamental da paternidade.

Os filhos são uma semente dos pais, vêm deles e por eles vão ao mundo, se fortalecendo com bases emocionais saudáveis e estrutura material, fundamentadas nos exemplos da mãe e do pai.

Parece ser dura a missão de mãe? Por vezes mais difícil que a do pai, que pode se impor pela força e se abstrair de certas emoções que são sentidas pela mãe, a geradora da vida.

A mãe dá a vida ao filho e costuma ter a posse sobre ele. Contudo, ela precisa assimilar que a vida do filho não é dela, mas dele. O sentimento de posse vai sendo construído desde o ventre materno, pois "alguém mora em mim e, se mora em mim, é meu".

Tal sentimento se fortalece durante a infância devido aos cuidados de que a criança necessita, não sendo prudente a mãe afastar-se disso. À medida que ela cresce, precisa expressar a identidade individualizada, assim como a mãe deve dar atenção ao seu próprio ser.

A questão consiste em a mãe ir se aprontando e, por sua vez, aprontar os filhos para o crescimento na vida, transmitindo aos seus rebentos o quanto importa assumir a vida adulta.

Se há medos nos filhos, significa que há medos na mãe, e, por causa da mãe, eles não tomam a própria vida, porque tudo o que a mãe pensa e sente sobre seus filhos condiciona o movimento deles na vida. Cabe à mãe libertar-se de seus medos para libertá-los, pois assim os impulsiona para a vida.

A Oração aos filhos tem a proposta de limpar na mãe os medos, as neuroses, as dissociações e as dores da alma que impactam em bloqueios no movimento dos filhos na vida, bem como a parte que cabe à força na vida proveniente do pai, para completar o triângulo da Santíssima Trindade.

Faça uma oração a cada filho; podem surgir memórias em sonhos ou durante o dia, pois o objetivo dessa Oração é iluminar as sombras dos pais nos filhos.

Chore, expresse-se, deixe partir, solte e confie na sua cura e na dos seus filhos.

Então, comande esta Oração, com intenção no coração durante 21 dias; leia primeiro em silêncio, sentindo cada palavra vibrar em você, e após leia em voz alta:

"Pai, Mãe, Divino Criador que me concedeu o dom Divino da maternidade [ou paternidade, se for feita pelo pai]. Eis-me aqui, no plano terreno, incumbida(o) da gloriosa tarefa da responsabilidade que me cabe na assistência, na guiança, na orientação, na proteção e no amor incondicional ao meu filho .... e, na intercessão de Arcanjo Miguel, o *Espírito Curador*, com sua espada azul de corte, cura e proteção, e das Mestras Rowena e Kuan Yin, submeto o meu filho .... à Tua cura, à Tua guiança, na Tua confiança, de que serei aclamada e abençoada com a espada azul de Arcanjo Miguel, e com a Luz das Mestras Rowena e Kuan Yin, na cura sobre o meu filho ...., trazendo a cura no seu emocional, no físico, no mental e no espiritual, sabendo que o meu filho carrega parte de mim e age e reage no mundo de acordo com a parte de mim presente nele.

Peço a misericórdia do Cristo Criador, sob a intercessão de Arcanjo Miguel e das Mestras Rowena e Kuan Yin, da cura das partes em mim presentes no meu filho que pedem a regeneração, o perdão, a compaixão, a saúde plena e o amor incondicional.

Que todo medo presente em mim, manifestado no meu filho ...., seja transmutado na Luz do Criador, restabelecendo a unidade do meu filho .... à Matriz Divina da Criação.

Pai, Mãe, Divino Criador, mantenham-me na fé, na serenidade, no amor e na firmeza na condução da maternidade/paternidade do meu filho ....

Assim seja, Assim É. Grata(o), está feito!"

Mensagem de encerramento

Arcanjo Miguel, o *Espírito Curador das Sombras*, Mestre Saint Germain do Raio Violeta e Arcanjo Ismael, o Guia Espiritual do Brasil, estão fortemente empenhados à frente de grandes projetos para a nova Terra.

Eles são pilares de sustentação espiritual e reforçam a necessidade da consciência dos pensamentos, das palavras e das intenções.

Eles pedem um pouco de boa vontade, fator de desagregação do planeta Terra, e dão sustentação para a manutenção dessa frequência de forma mais elevada.

A meta consiste em se despir do *modo sobrevivente*, no qual a maioria sobrevive por estar à margem da força da consciência do espírito, levando a vida aos trancos e barrancos, sentindo-se vítima da sociedade, dos cônjuges, dos pais.

Guerreiros são forjados em ventanias. Todos estão sendo preparados há muito tempo. Espíritos milenares estão renascendo para lembrarem-se dos conhecimentos ancestrais de guerreiros vitoriosos e grandiosos com a missão de inspirar e despertar os demais.

A humanidade vivenciará novos tempos, a terra prometida, um novo planeta sonhado por muitos. A você pedimos força de vontade, perseverança, consciência, consistência e equilíbrio.

Invoque a proteção, a sabedoria e o amparo dos Mestres da Luz, dos Anjos e dos Arcanjos e as Virtudes dos Raios de Luz da cura.

Mensagem especial do seu Anjo da Guarda

Esta semana lhe enviei uma mensagem, você não respondeu.
Ontem de novo. E antes de ontem. Todos os dias, repito o ritual.
Não desisto de você.
Porém percebo que, por diversas vezes, já pensou em desistir.

Saiba que, quando chora, enxugo o seu pranto.
Nas explosões de raiva, assopro na direção contrária para a tormenta passar.
E continuo esperando.
Em várias ocasiões enviei o sorriso de uma criança para alegrá-lo, uma mensagem de conforto, uma melodia à sua alma cansada.
Às vezes o vento sopra algo no seu ouvido, mas você não escuta.

Sei que está atarefado demais, sei que tem muitas coisas para *curtir*.

Mas, por favor, ouça-me: as distrações do mundo afastaram você de mim.
Porém continuo aqui. Nunca me separei de você.

Por vezes, reza em desespero.
Os joelhos doem, reluta em se entregar.
As coisas do mundo provocam medo, julgamento, ansiedade.
Porque se sente só. Sozinho é difícil, eu sei.
Só que você nunca está sozinho.
Eu escuto a sua dor.

Agora, por favor, escute-me.
Aquiete os pensamentos, ouça o silêncio, ele trará as respostas que busca no caos da mente.
Porque existe um lugar onde a dor é ilusória e o medo não habita.
Há um céu aqui na terra o esperando.
Como chegar lá?
Segure a minha mão. Escute o silêncio.
E então me escutará.

Quem sou eu?
Sou o seu Guia, a sua *Voz* Interior, o seu Anjo.
Onde habito?
Escute.
Não escutou?
Eu habito dentro de você.
Sempre habitei.

Não chore mais, minha criança.
Eu estou aqui!

Considerações finais

A formatação deste livro provocou-me dúvidas a respeito da forma de editá-lo. Questionava-me se as mensagens promoveriam o objetivo pretendido de reflexões à consciência ou, na pior hipótese, se impactariam em intimidações ao leitor e rejeições à abordagem exposta. Ou seja, vibrei no medo.

Então perguntei aos universitários, melhor dizendo, aos Anjos, se tinham procedência os meus temores. Arcanjo Jofiel e sua trupe de cientistas responderam:

Menina Rose [*Eles* usam o substantivo menino ou menina antes de nomes próprios], sim, é salutar levar em consideração o impacto que o livro causará no público, e isso diz respeito a toda mensagem transmitida em qualquer meio de comunicação, eis que a análise e o capricho na transmissão da informação promovem o crescimento e o aprimoramento pessoal e o profissional.

Contudo, o excesso de cautela na palavra dita ou escrita reprime as pessoas no sentido de ir mais e além, como se as análises em relação à maneira como os outros receberão o assunto puxassem a frequência vibratória do emissor da mensagem para trás, na ressonância da incerteza que congestiona as linhas de transmissão do sucesso.

Quando se coloca certeza na vibração do que se está emitindo, com a consciência de que existe um fio condutor de amparo das frequências elevadas, o impulso da aceleração das partículas faz com que a mensagem pretendida se propague em ondas para mais e mais pessoas. A meditação ajuda a fortalecer os vínculos com a espiritualidade para o suporte também nessa seara.

Sabemos da sua preocupação em ser tão assertiva e de provocar reflexões. Parece que você passou a vida se esquivando disso, não?

Evitava fazer questionamentos por se sentir incapaz de perguntar, além da sensação de que não daria conta das respostas. Por isso vestia uma capa de benevolência, poupando as pessoas das suas inquietações, e assim ficava afastada das perguntas por medo da exposição, dos julgamentos e das punições.

Quanto ao impacto no leitor, em relação às mensagens e às perguntas, diremos a você que isso não é da sua conta. "Como assim?", pergunta-se.

Deixe que cuidemos disso a cada um que tomar o livro. Aqueles que se sentirem incomodados no máximo deixarão o livro de lado para mais tarde retomá-lo, afinal você não fez isso diante da leitura de algumas obras? Deixe que cuidemos desse assunto.

Perceba, menina Rose, que instigar a consciência estava em *Nosso* propósito para a escrita do livro. As pessoas já perderam tempo demais em conhecimentos superficiais sobre si mesmas. A sensação de não dar conta da vida acompanha o ser humano por longa data, refletida no sentimento de incapacidade de lidar com as emoções provenientes das suas sombras, melhor fugir.

O livro é bem mais do que mensagens lúdicas de autoajuda; ele tem a função de colocar o dedo dos Anjos na consciência das pessoas para abrir as cortinas e deixar o sol entrar, eis que as mensagens deste livro vibram numa frequência oitavada de Luz.

A frequência oitavada remete aos degraus trilhados no aprendizado dos níveis de consciência. A cura segue uma escala de tom, de frequências, de acordes e de afinação, pois, como dito aqui nas *Conversas*, "tudo está sendo divinamente orquestrado".

O número oito pode ser associado ao símbolo do infinito na posição horizontal, pois este é o objetivo maior: elevar a humanidade ao infinito!

Conversas com os Anjos é uma preparação para o próximo livro, no qual serão decodificadas as crenças, os bloqueios, os traumas, os medos e as culpas enraizados no ser humano que condicionam o mental, o físico, o emocional e o espiritual à servidão.

Sobre a autora

Quando fecho os olhos, vejo um mundo de possibilidades, de perfeição, de curas, de liberdade e de alegria.

Quando fecho os olhos, sinto a energia amorosa dos Seres de Luz e a vibração pulsante de abundância do Universo.

Quando fecho os olhos, testemunho o protagonismo dos mundos da Luz a serviço da amorosidade cuidadora e curadora das dores do ser humano.

Quando fecho os olhos, enxergo a abnegação *Deles* de igual forma a cada pessoa, tão dedicados nos processos de cura e tão respeitosos em relação ao entendimento de cada um.

Quando fecho os olhos, sinto a espontaneidade e o contentamento dos amados Anjos e Mestres da Luz.

O problema é quando eu abro os olhos.

Porque quando abro os olhos enxergo minhas limitações para colocar em ação a riqueza de ensinamentos traduzidos por *Eles*, assim como para me manter na conexão do amor curador, pois sinto o descompasso entre a plenitude enxergada em outras dimensões e a minha realidade terrena.

Eles me confortam lembrando-me da capacidade de transitar na luz e nas sombras, fator que imprimiu o Norte ao meu trabalho terapêutico, e ressaltam os meus esforços para acessar na vida diária a conexão com a consciência Divina, pois o amparo dos Mestres nos direciona para que a metáfora do mundo de olhos fechados esteja cada vez mais presente na vida de olhos abertos. E isso vale para qualquer pessoa que empreender a caminhada na milagrosa estrada de conexão espiritual.

Eles fazem analogia à minha criança que vivia na mente inconsciente, ou de olhos fechados, até por volta dos sete anos, e ao abrir os olhos, através das percepções da mente consciente, deparou-se com a aspereza da vida ao seu redor, criando padrões de resistências por meio de fugas da realidade.

Agora pergunto a você: qual ambiente a sua criança enxergou ao *abrir os* olhos à mente consciente? Como se sentia em relação a esse ambiente? Quais comportamentos de proteção dessa época você acessa no tempo presente?

No início deste livro, falei que em algum momento a minha história se conectaria com a sua história. Sei que em algum momento as nossas vidas se cruzaram.

Sou terapeuta holística, natural de Cachoeirinha (RS), pós-graduada em Gestão de Pessoas, com experiência no mundo corporativo, onde desenvolvi habilidades no treinamento e no desenvolvimento humanos.

A experiência com gestão de pessoas foi agregada à formação em técnicas holísticas como a Cura Quântica Estelar, Terapia Regressiva Integral, Terapia Taquiônica, Apometria, Registros Akáshicos, Numerologia, Terapia Multidimensional, Cura Multidimensional Arcturiana, Reiki, entre outras, sendo registrada na Federação dos Terapeutas Holísticos do Brasil e de Portugal e na World Federation of Holistic Therapists.

Palestrante, escritora, canalizo mensagens dos Seres de Luz, técnicas e processos terapêuticos, entre eles a Numerologia dos Anjos, a Therapia dos Anjos, a Sintonização do Terapeuta e a Harmonização de Casas.

Adoro livros, cremes antirrugas e *rock'n'roll*.

Converso com os Anjos.

Contato: @rosehahntherapiadosanjos.
rosehahn103@gmail.com.

Agradecimentos

"Ainda que eu falasse as línguas dos homens e dos anjos,
e não tivesse amor, nada seria."
Paulo de Tarso

Agradeço aos Anjos e aos Seres de Luz por terem transformado a minha existência e impulsionado a escrita deste livro ditado por *Eles*.

Com os Anjos aprendi a agradecer antes mesmo da materialização de um desejo, pois a gratidão é a combustão que liga o humano ao Divino para a concretização do sonho desejado.

Mas não foi sempre assim. Trilhei uma longa caminhada para chegar até aqui. Conheci a gratidão pelo caminho mais doloroso e, hoje, sou grata às dores sentidas a serviço da consciência do amor.

Gratidão ao meu pai Edmundo e à minha mãe Benta pelas experiências vividas junto a eles para a cura da alma.

Ao meu filho Bruno, gratidão por me proporcionar o conhecimento de emoções até então desconhecidas, como o êxtase do milagre da vida e do amor curador.

Quando criança, ele escreveu um bilhetinho para mim, que dizia assim: "Mãe, você é a mulher mais legal do mundo".

Eu brincava que guardaria o bilhete para mostrar às namoradas dele.

Aprendi com os Anjos sobre as influências do emocional da mãe no movimento dos filhos na vida, refletindo em relações que aprisionam ou libertam ambos. Gratidão sem fim aos Seres de Luz que me conduziram para a expressão do amor que libertou a mim e ao meu filho.

Gratidão à minha nora Larissa, você é "a mulher mais legal do mundo".

Gratidão aos manos de sangue e de alma, Regina, Ronaldo, Reginaldo (em memória), Romualdo, Susana e Silvana, e aos seus filhos, meus sobrinhos queridos.

Aos familiares de perto e de longe; aos amigos presentes, aos amigos distantes, às amizades virtuais. A quem passou na minha vida, a quem ficou: gratidão! Aos encontros casuais, aos encontros de alma, gratidão!

Gratidão especial aos Mestres Ascensos, aos Anjos e aos Arcanjos que me guiam e me inspiram na condução do meu trabalho. Gratidão, com olhos marejados, à *Voz* que me afastou das vozes do mundo para a conexão à minha essência e à realização da missão de alma.

Agradeço aos Anjos terrenos que estão comigo na caminhada de buscadores da luz, em especial à amiga Isabel Curi, que me motivou a levar a sério a capacidade de sentir a vibração espiritual dos números na numerologia, e à terapeuta Darlize Martirena, que me encorajou a exercer na prática a terapia holística.

Reconhecimento e gratidão à jornada terapêutica, na qual tenho a oportunidade de conhecer profissionais incríveis, empenhados em difundir o conhecimento de uma nova era, por meio do ensino e da aplicação de técnicas integrativas visando à livre expressão do ser.

A gratidão estende-se também aos espaços terapêuticos onde realizei atendimentos e a todos que, sem exceção, me acolheram com amorosidade e confiança no meu trabalho.

Minha profunda gratidão a cada cliente atendido, pois cada pessoa que me permite atuar como facilitadora na sua autocura descortina aspectos a serem curados em mim.

A você que me desconhecia, emano gratidão por ter me dado a chance de nos relacionarmos por meio da escrita dos Anjos. Desejo a sustentação da Luz Divina na manifestação da gratidão em sua vida.

Se você escolheu este livro, não foi por acaso. Você também foi *escolhido*! E celebro com você a sua disposição em buscar os processos de autoconsciência à luz dos Anjos e Mestres Ascensionados, pois estamos juntos na mesma caminhada evolutiva.

Este material foi escrito na vibração do amor e da verdade, e desejo que traga contribuições poderosas à sua jornada por meio do processo da consciência que ilumina as sombras para revelar a maestria da sua alma.